Erik Hornung
Echnaton

W0301362

Erich Hornung

Echnaton

Die Religion des Lichtes

Artemis & Winkler

Für Elisabeth Staehelin
zum 3. Januar 1995

Die Deutsche Bibliothek – CIP-Einheitsaufnahme

Hornung, Erik:
Echnaton: die Religion des Lichtes / Erik Hornung. – Neuausg. –
Düsseldorf; Zürich: Artemis & Winkler, 2001
ISBN 3-7608-1223-6

2. Auflage 2001
© 1995 Artemis & Winkler Verlag
© ppb-Ausgabe 2001 Patmos Verlag GmbH & Co. KG
Artemis & Winkler Verlag, Düsseldorf und Zürich
Alle Rechte, einschließlich derjenigen des auszugsweisen Abdrucks,
der fotomechanischen und elektronischen Wiedergabe, vorbehalten.
Umschlaggestaltung: Anna Bakalović, Berlin
Druck und Bindung: Lengericher Handelsdruckerei, Lengerich
ISBN 3-7608-1223-6

Inhalt

1

Die Wiederentdeckung eines Religionsstifters

Champollions Ahnungen

Auf seiner ersten und einzigen Ägyptenreise hatte Champollion für Mittelägypten, also für das Gebiet zwischen den beiden großen alten Zentren Memphis und Theben, nur sehr wenig Zeit eingeplant. Es drängte ihn, möglichst rasch zu der Wunderwelt der Tempel und Gräber Oberägyptens vorzustoßen. Aber die Felsgräber von Beni Hassan boten ihm mehr, als er erwartet hatte. So verweilte er zwei Wochen dort und reiste dann in großer Eile weiter nach Assiut, der größten Stadt Oberägyptens.

Für Tell el-Amarna, das am Wege lag und das er «Psinaula» nennt, blieb ihm gerade *ein* Tag Anfang November 1828. An diesem Ort hatte bereits der Jesuitenpater Sicard im November 1714 recht phantastische Kopien von einer Grenzstele Echnatons angefertigt, und die Gelehrten der Expedition Bonapartes hatten dort, in «El Till», die Reste einer antiken Stadt festgestellt. Kurz vor Champollion entdeckte Wilkinson 1824 die Felsgräber von Echnatons Beamten und fertigte Kopien an, aber seine Berichte erschienen erst mehrere Jahre nach Champollions Tod.

Dieser fand keine Zeit für die abgelegenen Felsgräber; er sah sich nur kurz in der Stadtanlage um und notierte sich vor den

Grenzstelen einige befremdliche Eindrücke: «Le Roi très gras, gros, ventru. Formes féminines ... grande morbidezza». In seinem Abriß der Geschichte Ägyptens, der seinen Reisebriefen aus Ägypten als Anhang beigefügt wurde, geht er von Amenophis III. gleich zu seinem Sohne «Horus» über, der das Werk seines Vaters fortsetzt, aber zwei schwache Nachfolger hat, bis dann Sethos I. Ägypten auf eine neue, glanzvolle Höhe führt.

So hat der Begründer der Ägyptologie von Echnaton und seiner tiefgreifenden Revolution nichts gewußt, abgesehen von einigen flüchtigen Eindrücken über die Andersartigkeit der Kunst jener Zeit im Vergleich mit dem traditionellen Kunststil. Schon diese Einsicht bedeutete einen Fortschritt, denn es gab in europäischen Sammlungen vor 1826 keinerlei Beispiele der Amarnakunst.

Erst durch Wilkinson und Lepsius wurden gegen die Mitte des 19. Jahrhunderts die Grundlagen für unsere Kenntnis jener Zeit gelegt, in der die altägyptische Kultur und Religion für einige Jahre gründlich umgestaltet, in der sogar eine neue Schriftsprache eingeführt und in der zum ersten Mal in der Weltgeschichte eine Religion neu *gestiftet* wurde. Das hatte es nach unserer Kenntnis nie zuvor gegeben, weder in Ägypten noch irgendwo sonst.

Lepsius entdeckt den Stifter

Karl Richard Lepsius langte mit der vom Preußenkönig Friedrich Wilhelm IV. ausgesandten Expedition am 19.9.1843 in Tell el-Amarna an und blieb dort drei Tage; weitere sieben Tage nahm er sich auf der Rückreise aus Oberägypten und Nubien im Juni 1845. Er arbeitete, wie schon Wilkinson, vor allem in den Felsgräbern; zahlreiche Zeichnungen, Papierabklatsche und Gipsabgüsse wurden angefertigt. In seinen Briefen aus Ägypten teilte

Lepsius der gelehrten Welt erste Ergebnisse seiner Forschungen mit, so am 20.11.1843 an Alexander von Humboldt die Richtigstellung, daß es sich bei «Bech-en-Aten» nicht um eine Frau handele, wie er zuerst geglaubt hätte. Auch Nestor L'Hôte, der wenige Jahre zuvor Amarna besuchte, ist im Zweifel, ob Echnaton Mann oder Frau sei. Die «femininen» Formen der Darstellung, die schon Champollion notiert hatte, und eine Überlieferung beim ptolemäischen Historiker Manetho hatten zu diesem Trugschluß geführt. Als Frau erscheint Echnaton noch 1845 im dritten Buch des maßgebenden Werkes von Christian C. J. Bunsen *Aegyptens Stelle in der Weltgeschichte* (S. 88 ff.); dort taucht übrigens, als eine Art nubischer Gegenkönig der Zeit und damit historisch völlig verzeichnet, auch «Amentuanch» auf, der uns heute als Tutanchamun bekannt ist. Im vierten Buch, 1856 erschienen, ist «Aachenaten» dann richtig ein Mann (S. 162 ff.).

Einige Jahre nach seiner Rückkehr aus Ägypten hat Lepsius in der Sitzung vom 26.6.1851 der Preußischen Akademie der Wissenschaften in Berlin seine Einsichten vorgetragen und kurz darauf auch im Druck bekannt gemacht. Er spricht in seiner Abhandlung von einer «höchst merkwürdigen Episode in der Geschichte der ägyptischen Mythologie», in welcher Amenophis IV. (dessen Identität mit Echnaton jetzt gesichert war) dem bisherigen Ammonsdienst den «reinen Sonnenkultus» entgegenstellte, «als dessen einziges Bild nur der Diskus selbst geduldet wurde». Dazu gab er Befehl, «alle Götternamen auf allen öffentlichen Monumenten und selbst bis in die zugänglichen Privatgräber hinein, auszukratzen und ihre Bilder nach Möglichkeit zu vernichten» (S. 197=41). Nach wenigen Jahren aber folgte die «Reaktion von Seiten der alten nationalen Hierarchie» und löschte das Andenken an den religiösen Eiferer aus. Zuletzt macht sich Lepsius noch

Gedanken, «welche besondern Umstände einen legitimen Pharaonen ermuthigt haben mögen, eine so vollständige Umwälzung der tiefgewurzelten Religionslehre eines großen und hochgebildeten Volkes zu versuchen» (S. 202=46). Er hält es für möglich, daß Einflüsse aus Äthiopien oder Vorderasien dahinter stehen und daß der Sonnendienst zu den ältesten Wurzeln des «vielgestaltigen ägyptischen Polytheismus» gehört.

Vage Erinnerungen in der Antike

Lepsius war sich der Tragweite seiner Entdeckung nicht voll bewußt, erst in der Rückschau wird er für uns zum modernen Wiederentdecker Echnatons und seiner Religion. Er war auf einen Religionsstifter gestoßen, den man jahrtausendelang völlig vergessen hatte! Bei Manetho, der im 3. Jahrhundert v. Chr. die in der Antike und bis in die Neuzeit maßgebende Geschichte Ägyptens schrieb, gibt es keine klare Kenntnis jener Zeit; für ihn folgen auf Amenophis III. sogleich die Ramessiden, und auch Herodot, Diodor, Strabon und die anderen antiken Autoren wissen von Echnaton und seiner Zeit nichts. Allerdings überliefert Manetho eine Geschichte (bei Josephus erhalten), wonach unter der Regierung von «Amenophis» (III.) Aussätzige unter dem Priester Osarsiph dreizehn Jahre über Ägypten geherrscht haben, im Bündnis mit den Hyksos; König Amenophis sei mit allen heiligen Tieren nach Äthiopien ausgewandert, von wo er nach Ablauf der dreizehn Jahre Ägypten wieder befreit und die Aussätzigen vertrieben habe. Diese hatten inzwischen die Städte verbrannt, die Tempel zerstört und die Götterbilder vernichtet, sogar die heiligen Tiere am Spieß gebraten. Hier fließen zweifellos spätere Erfahrungen der Ägypter mit Fremdherrschaft mit ein, vor allem aus der assyrischen und persischen Eroberung des Landes. Aber Manetho hat doch noch Kenntnis von einem frühen religiösen Konflikt, und wenn er diesen mit Krankheit (Aussatz, bei Diodor Pest) vergleicht, so übernimmt er eine Einschätzung, die bereits Tutanchamun verwendet, wenn er auf der «Restaurationsstele» die Zeit vor seiner Thronbesteigung beschreibt («Das Land machte eine Krankheit durch, und die Götter kümmerten sich nicht um dieses Land»). Den Namen des «Ketzerkönigs» aber nennt keiner von ihnen, er wurde schon von seinen unmittelbaren Nachfolgern verdrängt und dann vergessen.

Wie kam es zu diesem totalen Vergessen? Echnatons Revolution ist nicht gewaltsam untergegangen. Man schritt über sie hinweg zu neuen Ufern, man vergaß sie einfach, auch wenn sie in Unterströmen weiter fortwirkte. Früher galt König Haremhab als der «Liquidator» der Amarnazeit, aber es scheint, daß erst Sethos I. und Ramses II. sich aktiv gegen Echnaton und seine unmittelbaren Nachfolger gewandt haben; sie wurden aus den Königslisten getilgt, die von ihnen zerstörten Götternamen restauriert, Darstellungen des Amun wiederhergestellt. Die Erschütterungen, die der Reformator ausgelöst hatte, waren jetzt überwunden, Antworten auf seine Provokationen gefunden, und so konnte man seine Zeit gründlich vergessen. Daß sich hier und dort noch Reste einer «Gemeinde» von Aton-Anhängern gehalten hätten, ist ein reizvolles literarisches Motiv, aber in der historischen Situation um 1300 v. Chr. ganz unwahrscheinlich. Es gab keine Märtyrer der neuen Religion, es gab nicht einmal einen Anlaß, sie zu verfolgen, denn sie hat Echnaton nur um wenige Jahre überlebt. Was folgte, war totales Vergessen, nach einer kurzen, vagen Erinnerung an den «Frevler von Achetaton». Wie ein Symbol wirkt es, wenn das Grab Tutanchamuns unter dem Schutt des späteren

Grabes von Ramses VI. begraben wurde und dadurch mit seinen Schätzen erhalten blieb.

So ist es eine bleibende und fortwirkende Tat der modernen Wissenschaft, diese Zeit und diesen Religionsstifter zu neuem Leben erweckt, sie der Vergessenheit entrissen zu haben. Heute gilt die Amarnazeit als die spannendste Epoche der ägyptischen Geschichte, und die meisten Romane und Erzählungen unserer Zeit, die im alten Ägypten spielen, wählen sie als Rahmen und Hintergrund der Handlung. Echnaton selber darf heute in keiner Geistesgeschichte der Menschheit fehlen, wie immer man ihn und sein Werk beurteilen mag. Die 16 Jahre seiner Regierungszeit zeigen auf eindrucksvolle Weise, wie das Tempo der geschichtlichen Entwicklung vor über dreitausend Jahren durchaus vergleichbar mit dem unserer Neuzeit ist.

Die Wiederentdeckung setzt sich durch

Zurück aber zu seiner Rezeption im vorigen Jahrhundert! Die Abhandlung der Preußischen Akademie der Wissenschaften, in der Lepsius 1851 seine Einblicke in die Zeit Echnatons veröffentlichte (ein Nachdruck erschien 1981), trug den Titel *Ueber den ersten ägyptischen Götterkreis und seine geschichtlich-mythologische Entstehung*, hinter dem man nicht unbedingt derart neue und bahnbrechende weltgeschichtliche Einsichten vermuten kann. Doch wurden Akademieabhandlungen damals in der ganzen gelehrten Welt gelesen, und so konnten weder die Ägyptologie noch die allgemeine Geschichtsschreibung an Lepsius' Entdeckungen vorübergehen, obwohl es einige Jahre bis zur ersten Rezeption gedauert hat. Dank der Mitarbeit von Thomas Schneider ist es möglich, hier einige Hinweise zu dieser frühesten Rezeption zu geben.

In der zweiten, verbesserten und vermehrten Auflage seiner

vielgelesenen *Geschichte des Alterthums* (Band I, Berlin 1855) weiß Maximilian Duncker noch nichts von Echnaton; erst in der dritten Auflage von 1863 geht er auf die Amarnazeit ein und folgt dabei der Darstellung von Heinrich Brugsch, auf die wir gleich zurückkommen werden. So ist der erste Universalhistoriker, der Echnaton und seine Bedeutung kennt, Georg Weber in seiner *Allgemeinen Weltgeschichte mit besonderer Berücksichtigung des Geistes- und Culturlebens der Völker und mit Benutzung der neueren geschichtlichen Forschungen für die gebildeten Stände bearbeitet*, deren Band I («Geschichte des Morgenlandes») 1857 in Leipzig erschien, also sechs Jahre nach dem Akademiebeitrag von Lepsius.

Duncker und die ihm folgenden Universalhistoriker konnten neben Lepsius bereits die erste Geschichte Ägyptens unter den Pharaonen benutzen, die sich konsequent auf die zeitgenössischen Denkmäler und nicht mehr allein auf die antiken Autoren gründete. Heinrich Brugsch hatte sie 1859 zunächst in französischer Sprache veröffentlicht und darin in einem eigenen Abschnitt (S. 118–123) die «Temps de la réformation religieuse» behandelt; er gibt dort eine Zusammenfassung der Arbeiten und Einsichten von Lepsius. Dieser hatte inzwischen in seinem großen Denkmäler-Werk auch die Reliefs der Felsgräber von Amarna vorgestellt und damit die Materialbasis wesentlich erweitert. Brugsch spricht von den religiösen Reformen und dem «dieu unique» Echnatons, zieht die seither immer wieder beliebte Parallele zwischen Aton und Adonis, erwähnt die «hymnes pleins d'idées poétiques» und die singuläre Art der Darstellung des Königs, die schon Champollion aufgefallen war. Er folgt Lepsius in der Annahme, Echnaton sei vor seiner Thronbesteigung ein Priester des Re gewesen, und bedeutsam ist ihm die Tatsache, daß die Mutter des Reformers, Teje, nicht dem Königshaus angehört – ihre «bürgerlichen» Eltern Juja und Tjuju kannte man, lange vor der Entdeckung ihres Grabes im Tal der Könige (1905), aus der Inschrift des bekannten Hochzeitsskarabäus von Amenophis III. Als Nachfolger Echnatons erscheint Aja, erst danach folgt Tutanchamun, der lange Zeit nur aus dem thebanischen Grab seines nubischen Vicekönigs Huja bekannt war.

Die richtige Reihenfolge der Nachfolger (Tutanchamun vor Aja) ist dann in der deutschen Ausgabe des Werkes hergestellt, die erst 1877 mit dem Titel *Geschichte Aegypten's unter den Pharaonen* herauskam. Dort betont Brugsch wiederum (S. 419 ff.), Echnaton sei durch die «Mißheirat» seines Vaters mit «einer Fremden» vorbelastet gewesen, und seine «urkundlich bezeugte Abneigung ... gegen die Verehrung des hochwürdigen Reichsgottes Amon und seiner Mitgötter» ginge auf das Konto der «Tochter aus der Fremde», also seiner Mutter Teje, die ihm «die Lehre von dem *einen* Lichtgotte ... in zarter Jugend» eingepflanzt habe. Die «Ketzerei» und das «wenig anmutige» Äußere des Königs habe die Abneigung gegen ihn verstärkt; durch den Unmut der Priester und des Volkes aus Theben vertrieben, mußte er sich eine neue Hauptstadt suchen. Sein Familienglück entschädigt ihn für die Abneigung, die ihm Priester und Volk entgegenbringen.

Der «Ketzer» als Vorläufer moderner Ideen

Am Ende dieser überwiegend negativen Schilderung findet Brugsch sehr positive Worte und setzt sich damit von Lepsius ab. Er spricht (S. 427) von der «Tiefe der Anschauung» und der «innigen Gottesandacht», die in den Grabinschriften von Tell el-Amarna hervortreten, «daß man fast geneigt sein sollte, der Lehre, von der der König in seinen Reden so häufig und gern zu sprechen pflegt, den vollsten Beifall zu spenden». So ist Brugsch bereits auf dem Wege, in Echnaton einen «modernen» und «aufgeklärten» Monarchen zu sehen.

Im gleichen Jahre 1877 erschien auch die deutsche Ausgabe der *Histoire ancienne des peuples de l'Orient* von Gaston Maspero, der im französischen Sprachbereich über viele Auflagen hinweg maßgebenden Darstellung der pharaonischen Geschichte. Maspero folgt einigen Ideen von Mariette, so der Annahme, Echnaton sei auf dem Nubienfeldzug seines Vaters zum Eunuchen verstümmelt worden. In späteren Auflagen vertritt er die Ansicht, die schlechte Meinung der modernen Historiker habe den Fluch der thebanischen Priester über Echnaton noch verschlimmert, so daß eine negative Erinnerung an die Stelle des Vergessens trat. Für Maspero ist Teje nicht mehr eine Ausländerin, und er berücksichtigt als erster den großen Aton-Hymnus Echnatons, doch gibt er noch keine vollständige Übersetzung.

Nach den ausführlichen Darstellungen bei Lepsius, Brugsch und Maspero konnte Echnaton für die Universalhistoriker und für die Gebildeten insgesamt kein Unbekannter mehr sein; doch ist er bei Weber und Duncker immer noch eine Randfigur, ein Reformator der bestehenden Ordnung, den sein Werk nicht überlebt hat und der nach den glänzenden Regierungen seiner Vorgänger in eine Zeit des Niedergangs gehört. Leopold von Ranke kann es sich noch 1881 erlauben, ihn in seiner *Weltgeschichte* überhaupt nicht zu erwähnen, während er den ephemeren Tutanchamun wegen der «Negerkönigin» und den Tributszenen im Grabe des Vicekönigs Huja durchaus kennt. Dafür mußte sich Ranke von Eduard Meyer vorwerfen lassen, «die ergebnisreiche wissenschaftliche Arbeit eines halben Jahrhunderts so gut wie völlig zu ignorieren».

Eduard Meyers seit 1884 erscheinende *Geschichte des Altertums* brachte die ausführlichste Darstellung der pharaonischen Geschichte, die je geschrieben wurde, und war, in den folgenden Auflagen immer weiter verbessert, auch für die Amarnazeit auf der Höhe der Forschung. Aber es dauerte noch bis 1910, bis eine erste Monographie über den «Ketzerkönig» erschien: Arthur Weigall, *The life and times of Akhnaton, pharaoh of Egypt*, Edinburgh 1910, in 2.Auflage London 1922 und in deutscher Übersetzung durch Hermann Kees (*Echnaton, König von Ägypten, und seine Zeit*), Basel 1923.

Neue Entdeckungen

Bevor wir uns Weigall und seiner Darstellung zuwenden, seien noch einige Meilensteine der weiteren Entdeckungsgeschichte seit der Expedition von Lepsius vorgestellt. 1881/82 war das Grab des Königs in Tell el-Amarna durch Einheimische gefunden worden, wurde allerdings erst in den 90er Jahren von der Antikenverwaltung aufgenommen; Objekte aus der Grabausstattung fanden sich zum Teil erst 1931/32 bei einer neuen Säuberung des Grabes. 1887 entdeckten wiederum Einheimische das berühmte Tontafel-Archiv, das die keilschriftliche Korrespondenz Echnatons und seines Vaters mit den Fürsten Vorderasiens enthält; erhalten sind rund 380 Tafeln, deren Inhalt durch die immer noch maßgebende Edition von Knudtzon 1915 erschlossen wurde. Dieser sensationelle Fund gab den Anstoß zu den ersten systematischen Grabungen in Echnatons Residenz, die Flinders Petrie 1891/92 (mit dem jungen Howard Carter als Mitarbeiter) durchführte und sehr bald auch veröffentlichte.

1895 bearbeitete der Amerikaner James Henry Breasted in seiner Berliner Dissertation *De Hymnis in Solem sub Rege Amenophide*

IV conceptis zum ersten Mal den bekannten Sonnengesang, den Bouriant bereits 1883/84 kopiert hatte – zum Glück bevor 1890 etwa ein Drittel des Textes im Grabe des Aja mutwillig zerstört wurde. Durch die Übersetzungen von Breasted, Griffith, Maspero und Erman wurde dieser Text, den man immer wieder mit dem Sonnengesang des Franziskus von Assisi, aber auch mit Psalm 104 verglichen hat, am Anfang unseres Jahrhunderts allgemein bekannt und ist seitdem aus der Weltliteratur nicht mehr fortzudenken. Zudem ist er immer noch die vielleicht wichtigste Quelle zur Religion Echnatons.

Seit 1901 arbeitete Norman de Garis Davies in den Felsgräbern von Amarna und hat sie 1903–1908 in sechs Bänden veröffentlicht; *The Rock Tombs of El Amarna* von Davies sind bis heute eine der wichtigsten Grundlagen für jede Beschäftigung mit dieser Zeit geblieben. 1907 entdeckte Theodore Davis bei seinen Grabungen im Tal der Könige das Grab Nr. 55 mit einer Mumie, die lange Zeit für die Echnatons gehalten wurde, und das Gefühl, nun endlich die sterblichen Überreste des Religionsstifters zu besitzen, veranlaßte Weigall, sein Buch über ihn zu schreiben; er hat es ausdrücklich dem *Discoverer of the bones of Akhnaton* gewidmet.

Es folgten seit 1911 die Grabungen der Deutschen Orient-Gesellschaft in Tell el-Amarna unter der Leitung von Ludwig Borchardt, die durch den Ersten Weltkrieg ihr Ende fanden, aber zuvor reiche Funde brachten, vor allem 1912 die Modelle aus einer Bildhauerwerkstatt mit der Büste der Nofretete. Am 20.1. 1913 kam es zu der später umstrittenen Fundteilung, durch welche die Büste nach Berlin gelangte, jedoch erst nach dem Kriege öffentlich ausgestellt wurde. Von 1921 bis 1936 führte die Egypt Exploration Society die Grabungen in der Stadtanlage weiter – mit weniger spektakulären, doch sehr reichhaltigen Ergebnissen. Erst

1977 sind die englischen Grabungen dort wiederaufgenommen worden.

Nachhaltig wirkte 1922 die Entdeckung des Tutanchamun-Grabes durch Howard Carter. Nun war die Amarnazeit in aller Munde, die Entdeckung fand ein ungeheures Echo in den damaligen Medien, aber regte auch Dichtungen über jene neu erschlossene Zeit an – am bedeutendsten *Joseph und seine Brüder* von Thomas Mann, aber unter anderem auch eine Nachdichtung des Sonnengesangs durch Franz Werfel. Als weiterer Fund folgte 1925/26 die Entdeckung der ungewöhnlichen Kolosse Echnatons in Karnak, die für die Anfänge seiner «expressiven» Kunst so bedeutsam sind.

Damit war die Zeit der wirklich «großen» Entdeckungen vorbei, doch haben sich unsere Quellen seitdem stetig weiter vermehrt. Aus vielen Bauten des Karnak-Tempels, aber auch aus benachbarten Heiligtümern sind seit den 1920er Jahren Zehntausende von dekorierten Blöcken geborgen worden, welche die Anfänge der religiösen und künstlerischen Revolution erhellen. In eine spätere Zeit der Regierung gehören die Quellen zum Nubien-Feldzug des Königs, die seinen angeblichen «Pazifismus» in Frage stellen, und Dokumente über Echnatons Favoritin Kija, die mit Nofretete und ihren Töchtern rivalisiert. Überraschend war auch die Entdeckung eines neuen Wesirs asiatischer Herkunft (Aper-El), auf dessen Grab Alain Zivie 1980 in Saqqâra stieß.

Eine neue Religion tritt ins Licht

Der Ausgräber von Amarna, Flinders Petrie, findet in seiner *History of Egypt*, die seit 1894 in vielen Auflagen erschien, sehr positive Worte für die Religion des Königs, die selbst modernsten Anforderungen standhalte:

«If this were a new religion, invented to satisfy our modern scientific conceptions, we could not find a flaw in the correctness of this view of the energy of the solar system ... a position which we cannot logically improve upon at the present day» (S. 214).

Kritischer äußert sich Adolf Erman in seiner Darstellung der ägyptischen Religion, die 1905 erschien. Er hebt dort das «seltsam krankhafte Bild des Herrschers» und seinen «Fanatismus» hervor; für ihn ist Echnaton ein «aufgeklärter Despot», und abschließend bemerkt er: «Aber so hübsch das alles gedacht ist, die neue Kunst trägt doch ebenso einen ungesunden Zug wie die neue Religion, und lebensfähig sind beide nicht gewesen» (S. 71). In die dritte Auflage von 1934 hat Erman dann ein eigenes Kapitel über «Die Ketzerzeit» aufgenommen und äußert sich dort etwas positiver.

Breasted dagegen sieht in Echnaton einen «gottberauschten Mann, dessen Geist mit außerordentlicher Empfindsamkeit auf die wahrnehmbaren Zeugnisse Gottes reagierte. Mit Ekstase gibt er sich der Schönheit des Lichts hin ...». Er betont die Modernität seiner Lehre und die Vorwegnahme christlicher Einstellungen und Gedanken, allerdings auch das mangelnde Verständnis für die praktischen Bedürfnisse seines Reiches und den «Fanatismus» des Königs.

Die erste Biographie und ihre Wirkung

Weigall – um zum ersten Biographen des Religionsstifters zurückzukehren – folgt Breasted in der Auffassung, daß Echnaton «der erste Idealist und die erste Persönlichkeit in der Weltgeschichte» sei; er ist überdies der erste Religionsstifter und Gründer einer «religion so pure that one must compare it with Christianity in order to discover its faults» (S. 62). Auch an anderer Stelle betont Weigall, daß keine andere Religion dem Christentum so nahe stehe (S. 147), und dazu treten Vergleiche des Strahlenatons mit dem christlichen Kreuz oder des Sonnengesanges mit Psalm 104 und Franz von Assisi (S. 155 ff.).

In diesem Buch, das Sethe als «romanhaft» einstufte, wird der Grund gelegt für die idyllische Sicht der Aton-Religion, des Familienlebens von Echnaton und allgemein des Lebens in seiner neuen Residenz, in wirksamem Kontrast zu den schlimmen Vorgängen in Vorderasien, die sich aus dem Tontafelarchiv rekonstruieren ließen. Echnaton als Pazifist, der die ägyptische Weltmacht der 18. Dynastie ruiniert hat, eingesponnen in die unwirkliche Scheinwelt des «Aton-Horizontes», seiner neuen Hauptstadt, wo er ganz seiner Lehre, seiner Gottsuche lebte – das wurden Klischees, die nachhaltig weiterwirkten. Selbst Thomas Mann, der die Klischees durch eine differenziertere Betrachtung überwindet, erliegt den Parallelen zum Christentum und der Versuchung, Echnaton zu einer frühen Christus-Figur zu stilisieren.

An das Ende seiner Schilderung stellt Weigall, sehr dramatisch, das völlige Versagen Echnatons: der König ist innen- wie außenpolitisch überall gescheitert, seine Lehre kommt nicht an, das Reich zerbricht, die treuen Vasallen wie Ribaddi von Byblos (auch das wird zum Klischee!) gehen trotz ständiger Notschreie unter. Echnaton wird zur tragischen Figur, zum verkannten und gescheiterten Vorläufer Christi – «recht auf dem Weg, aber der Rechte nicht für den Weg» in der bekannten Formulierung von Thomas Mann.

Keine der seither erschienenen Biographien hat die Wirkung erreicht, die Weigalls Buch auf seine Zeitgenossen und auf die folgende Generation ausgeübt hat. Wenn wir in Lepsius den Entdecker Echnatons nach jahrtausendelanger Vergessenheit sehen müssen, dann in Arthur Weigall denjenigen, der ihn definitiv im Bewußtsein der Neuzeit verankert und ihn zugleich zum großen Lehrer der Menschheit stilisiert hat. Die allgemeine, auf Breasted und Weigall zurückgehende Einstellung hat Rudolf Anthes 1952 so umschrieben:

«Vor etwa 30 Jahren sahen wohl wir alle, unter Führung von J. H. Breasted, (die Religion von Amarna) etwa folgendermaßen an. Sie war die höchste und reinste Blüte ägyptischer Gotteserkenntnis. Echnaton hatte sich befreit von den unverständlichen Phrasen der traditionellen Religion. Er hatte den unmittelbaren Weg von Mensch zu Gott gefunden. Er verwarf Mythen und Symbole und alle Vielgötterei. Da ihm eine Offenbarung Gottes nicht zuteil geworden war, sah er Gott in der Sonne; aber Licht, Leben, Wahrheit leiteten ihn ... auf einer noch unentwickelten Erkenntnisstufe waren Grundgedanken des Johannesevangeliums vorweggenommen. Echnaton erschien uns als Prophet einer Religion, für die seine Zeit noch nicht reif war». Wenig später spricht Anthes noch vom «Rationalismus» Echnatons, der «unsere Zeit» unmittelbar anspricht.

Vor allem aber ist es sein Monotheismus, welchen die heutige Zeit als Fortschritt und als Vorwegnahme der großen Weltreligionen wertet. Sigmund Freud hat in seinem Spätwerk *Der Mann Moses und die monotheistische Religion* (1939) Moses als Ägypter gedeutet, der die Religion Echnatons den Stämmen Israels weitergegeben habe, und selbst im Islam gibt es Stimmen, die Echnaton als einen Vorläufer in Anspruch nehmen. Für andere wiederum ist seine «aufklärende» Reform nicht als Religionsstiftung zu sehen, sondern als Naturphilosophie, Vorwegnahme von Thales oder gar Einstein.

Kritische Töne

Nach dem Zweiten Weltkrieg mehrten sich jedoch Meinungen, die ihn weniger positiv und auch weniger revolutionär sahen. Kurt Lange (1951) ist, wie Rudolf Anthes, noch völlig positiv eingestellt, aber für Eberhard Otto (1953) ist er «Ein ausgesprochen unpolitischer, egozentrischer Mensch, unschön und kränklich, ehrgeizig und despotisch. Die Natur hatte ihm nicht die Möglichkeit gegeben, seinen Geltungsdrang in kriegerischen Taten (wie Thutmosis III.) oder in körperlichen Leistungen (wie Amenophis II.) oder in paschahafter Genußsucht (wie Amenophis III.) zu verwirklichen; da er aber wie bei diesen Vorfahren zur Verwirklichung drängt, treibt er den König mit gleicher Intensität und Extremität zur Verwirklichung einer Idee». Der Ketzerkönig knüpft, so Otto, an Bestehendes an, und nur seine Intoleranz sei neu. Überdies ist für Otto Echnatons «Zur-Schau-Stellen des königlichen Privatlebens ... vom Ägyptischen her gesehen schlechterdings eine Stillosigkeit und Entgleisung», während Breasted gerade «das entzückend unbefangene und natürliche Familienleben» noch völlig positiv bewertet hatte.

Joachim Spiegel (1950) versucht, Echnaton als einen Nachahmer zu kennzeichnen, der die weit bedeutendere Revolution am Ende des Alten Reiches imitiert; er ist für Spiegel Vertreter der «ägyptischen Form der Aufklärung» und huldigt einem Kult der Vernunft, ist aber auch durch «krankhafte Absonderlichkeiten seiner Leibesgestalt» geprägt. Karl Jaspers (1949) ist in der Fixierung auf seine «Achsenzeit» völlig blind für die Bedeutung von Echnatons Revolution, denn die frühen Kulturen «entbehren noch der geistigen Revolution» und sind «geistig eine ... wenig bewegte Zeit». Er nennt Echnaton, der solche Behauptungen gegenstandslos macht, überhaupt nicht; aber er meint ihn ohne Zweifel, wenn er an anderer Stelle sagt: «Wir sehen in verschwindenden Ansätzen eine uns verwundernde Vorwegnahme, als ob der Durchbruch beginnen sollte, der dann doch nicht kommt, besonders in Ägypten».

Dagegen behandelt Eric Voegelin den Reformator recht ausführlich im ersten Band seines großen Entwurfs *Order and History* (1956, S. 101–110), spürt «die moderne Atmosphäre des Individualismus» und wertet Echnaton als den ersten religiösen Reformer, «der deutlich als Individuum unterschieden werden kann», in der Geschichte der Menschheit. Im vierten Band (1974, S. 283) kommt er noch einmal auf die «außerordentliche Persönlichkeit von Echnaton» zurück und betont sein kosmopolitisches Denken. Für den Religionswissenschaftler Gerardus van der Leeuw, der 1927 ein holländisches Buch über Echnaton veröffentlichte, ist der König sogar «einer der Größten der Weltgeschichte» (S. 68).

Noch bei den neuesten Autoren schwankt die Wertung zwischen den Extremen und ist in den Biographien von Aldred und Redford eher negativ – «kein intellektuelles Schwergewicht» ist das Urteil des letzteren. Siegfried Morenz sieht unter Echnaton «Terror von oben und Karrierismus von unten», und nach Jan Assmann ist sein Vorgehen von «unerhörter Brutalität» gekennzeichnet. Die Spannweite der Deutung suchte der Titel «Hero or Heretic» einzufangen, den ein Symposion über Echnaton in New York Anfang Dezember 1990 trug.

Nicht im Nebel späterer Legenden

Eines unterscheidet ihn jedenfalls grundlegend von anderen Religionsstiftern. Während wir sicher sein können, daß unser Wissen über Buddha, Jesus und Muhammad niemals durch neue zeitgenössische Quellen bereichert werden wird, bringt fast jedes Jahr neue Quellen und Einsichten zu Echnaton, belehrt uns über neue Einzelheiten seines Wesens und Wirkens. Er ist ein Stifter, der zusehends wächst und sich wandelt, fortgesetzt neue Züge zeigt; mit ihm aber wächst auch seine Lehre, gewinnt an Klarheit und gehört vielleicht stärker der Zukunft an als der Vergangenheit. Und im Gegensatz zu allen anderen Religionsstiftern ist Echnaton nicht in den Nebel späterer Legenden gehüllt; alles, was wir von ihm besitzen, ist zeitgenössisch und geht auf ihn selber zurück. Seine Lehre wird, ohne Mittelsmänner, allein von ihm verkündet und könnte nur durch moderne Interpretation verfälscht werden.

Bevor wir uns dieser Lehre zuwenden und sie zu deuten suchen, fragen wir: wer war Echnaton, was wissen wir über seine Persönlichkeit? Allen Hoffnungen zum Trotz haben wir seine Mumie nicht, und wir können aus den Darstellungen der Kunst nicht auf sein Aussehen schließen. Wir sahen, daß Lepsius ihn zuerst für eine Frau hielt – eine Ansicht, die Lefébure noch lange nach dem Tod von Lepsius vertrat. Für Mariette und Maspero war er ein Eunuch, für Weigall und viele andere ein Epileptiker; Elliot Smith konstatierte Hydrokephalie, Pillet eine künstliche Verformung des Hinterkopfes, Moret «vorzeitige Vergreisung», Aldred das Fröhlichsche Syndrom, und auch viele Mediziner suchten sein Krankheitsbild genauer zu bestimmen.

In seinem Buch über Echnaton widmet Aldred dieser «medizinischen» Deutung des Königs ein ganzes Kapitel. Verbunden mit der extremen Annahme einer langen Mitregentschaft mit seinem Vater, wie sie manche Autoren bis heute vertreten, ergibt sich ein völlig absurdes Bild: ein physisch und psychisch Labiler hätte zwölf Jahre lang neben seinem schwerkranken Vater ausgefallene Ideen verwirklichen dürfen, bis man ihm, wie einem Kind, die Instrumente der Macht wieder abnahm! Da ist es plausibler, wenn Thomas Mann sein Aussehen als das «eines jungen, vornehmen Engländers von etwas ausgeblühtem Geschlecht» beschreibt – «Hübsch und schön war es mitnichten, aber von beunruhigender Anziehungskraft».

Daß wir eine Fülle von zeitgenössischen Darstellungen dieses frühesten Religionsstifters besitzen, hilft uns nur sehr indirekt dazu, uns ein Bild von seinem Aussehen und seinen Wesenszügen zu machen. Und da ägyptische Königsbildnisse alterslos sind, können wir nur aus seiner Vaterschaft vermuten, daß er beim Beginn seiner Herrschaft nicht wesentlich jünger als zwanzig Jahre gewesen ist. Für eine direktere Begegnung aber müssen wir seine Lehre und zunächst die Wurzeln betrachten, aus der sie kommt.

2

Der religiöse Hintergrund

Eine «Neue Sonnen-Theologie»

Die religiösen Ideen, mit denen Echnaton aufwächst, sind die der «Neuen Sonnen-Theologie», die vor allem Jan Assmann erforscht hat. Wir begegnen ihr in Hymnen, Ritualen und Unterweltsbüchern der 18. Dynastie. Im Mittelpunkt steht der tägliche Lauf der Sonne, der das Bestehen der Welt garantiert. Der Sonnengott erneuert sein Schöpfungswerk jeden Morgen, aber er steigt auch Nacht für Nacht in die Unterwelt hinab und bringt sein lebenspendendes Licht zu den Toten, die dort in der Erdtiefe zu neuem Leben erwachen. Alle Welt ist abhängig vom Licht und vom Sehen Gottes, aber das Licht muß sich auch immer wieder in der Finsternis regenerieren; es muß Gefahren, muß widerstrebende Mächte überwinden, die sich am gewaltigsten in der riesigen Schlange Apophis verkörpern.

Diese bedrohenden Mächte werden überwunden, und in der Neuen Sonnen-Theologie spiegelt sich ein tiefes Vertrauen in die Verläßlichkeit der Sonne. Dieser Gott, dessen sichtbares Kultbild das Sonnengestirn ist und den der Ägypter unter vielen Namen verehrt, ist als Schöpfer derjenige, der auch die Götter geschaffen hat; so ist er ein einzigartiger Gott über den Göttern, verborgen und unerforschlich in seinem Wesen, daher mit Vorliebe in Amun verehrt, dessen Name «der Verborgene» bedeutet. Immer wieder wird die «Ferne» des Gottes hervorgehoben, doch ist er durch seine Strahlen auch unmittelbar gegenwärtig. Das sichtbare Licht, von dem alle Schöpfung abhängt, überstrahlt die mythische Bilderwelt, die Echnaton vollends beseitigen wird.

Der Schöpfer erneuert sein Werk jede Nacht in der Tiefe der Unterwelt, wo er sich selber regeneriert und zugleich alle Verstorbenen zu neuem Leben weckt. Durch seinen abendlichen Hinabstieg hat er am Todesgeschick Anteil, und im Laufe des Neuen Reiches wird es üblich, im Totenherrscher Osiris auch eine Form des Sonnengottes zu sehen, der dadurch nicht allein im Diesseits, sondern überdies im Jenseits eine beherrschende Allmacht erlangt. Neben diesem Gestirn erster Ordnung laufen die anderen göttlichen Mächte Gefahr, bis zur Bedeutungslosigkeit zu verblassen.

Die Politik des Vaters

Es scheint, daß Amenophis III. dem Überhandnehmen dieses einen Gottes vorbeugen wollte, indem er, wohl vor allem im Zusammenhang mit seinen Erneuerungsfesten, die Vielheit der Gottheiten sehr betont herausstellt; neben der Serie von Sachmet-Statuen gab er eine weitere Serie von Statuen in Auftrag, die ihn auf dem Sockel als «geliebt» von den verschiedensten Gottheiten kennzeichnen, wobei auch weniger bedeutende und ausgesprochen lokale Gottheiten erscheinen. Ähnliche Beinamen begegnen auch auf einer umfangreichen Serie von großen Skarabäen, die den König mit zahlreichen Gottheiten verbinden. Es gab sicherlich, und nicht nur am Königshof, Tendenzen gegen die Neue Sonnen-Theologie, die in allzu einseitiger und darin unägyptischer Weise eine einzige Gottheit über das gesamte Pantheon hinaushob.

Allerdings – durch diesen einen, einzigen und fernen Sonnengott wird die Vielgestalt der Götter im Prinzip nicht verdrängt, sie bleiben noch in den Anfangsjahren Echnatons neben dem Aton bestehen. Vom modernen, streng logischen Denken her gesehen, braucht es allerdings nur einen kleinen Schritt, um aus diesem Gott über allen Göttern, aus diesem einzigartigen Gott einen einzigen zu machen, der keine Götter mehr neben sich duldet. Diesen Schritt hat Echnaton tatsächlich vollzogen, wenn auch erst in der letzten Konsequenz seines Nachsinnens über Gott und die Götter. Zunächst aber hat er aus der Neuen Sonnen-Theologie, mit der er aufwuchs, eine *Religion* gemacht (so Jan Assmann), die wir im übernächsten Kapitel betrachten werden.

Politisch waren die Jahre Amenophis' III. eine stabile Friedenszeit, deren Grundlagen bereits Thutmosis IV. gelegt hatte, der Großvater Echnatons, indem er die jahrzehntelangen kriegerischen Auseinandersetzungen zwischen den beiden Großmächten jener Zeit beendete. Die andere Großmacht war das Reich der Mitanni, dessen Zentrum im Grenzgebiet zwischen Syrien und dem Irak lag, und die Kämpfe mit Ägypten gingen um den Besitz Nordsyriens, verbunden mit der Oberhoheit über die dortigen Fürsten. Unter Echnaton griff dann das Reich der Hethiter, von Kleinasien her, als weitere Großmacht in diesem Raume ein.

Amenophis III. hat nur zwei eher symbolische Feldzüge in Nubien geführt, während er die Machtstellung Ägyptens in Vorderasien allein durch Diplomatie, Heiratsbündnisse und reiche Sendungen von Gold und anderen Produkten aufrechterhielt. Ägypten fühlt sich als Weltmacht, und der Hof Pharaos ist ein internationales Zentrum geworden. Hier kommen und gehen die Gesandten aller Länder, man schätzt die Produkte Asiens und Kretas und verehrt durchaus auch asiatische Gottheiten wie Reschef, Baal, Astarte und Qadschu. Der geographische Horizont der Ägypter umspannt jetzt auch die wichtigeren Hafenstädte der Ägäis, wie eine Ortsnamenliste aus dem Totentempel des Königs zeigt. Es herrscht eine Atmosphäre der Weltoffenheit und der Aufgeschlossenheit auch für andere Religionen. Im Pfortenbuch, das in dieser Zeit entstand, stellt eine Szene der fünften Nachtstunde selbst die «elenden» Asiaten, Nubier und Libyer im Jenseits unter den Schutz ägyptischer Götter, so wie der große Aton-Hymnus die Fürsorge von Echnatons Gott für die Fremdvölker hervorhebt.

Amenophis III. war einer der größten Bauherren der ägyptischen Geschichte. Davon künden vor allem sein Tempel von Luxor, der Doppeltempel von Soleb und Sedeinga in Nubien und der Totentempel auf dem thebanischen Westufer, der alle bisherigen Maße übertraf, aber schon bald bei einem Erdbeben schwer gelitten hat. Dort, wo einst der monumentale Eingang des Tempels war, zeugen nur noch die gewaltigen, 20 Meter hohen und 720 Tonnen schweren Memnons-Kolosse von der einstigen Größe und vom Hang des Königs zur Megalomanie. Dieser prägt nicht nur die Architektur und Königsplastik, sondern auch andere Objekte; niemals sind größere Uschebti-Figuren und größere Skarabäen angefertigt worden. Die Hofbeamten folgen dieser Tendenz, bezeugt vor allem durch die riesige, doch unvollendet gebliebene Grabanlage des Wesirs Amenhotep im Assassif.

Der Hang zum Kolossalen wird ergänzt durch eine Zuwendung zur Materie, wie sie in dieser Form ungewöhnlich ist. In einer Weihinschrift am Month-Tempel in Karnak nennt der

König für die edlen Materialien wie Gold, Silber, Lapislazuli, Jaspis, Türkis, Bronze und Kupfer, die er beim Bau und bei der Ausschmückung verwendet hat, voller Stolz genaue Gewichtseinheiten. Er versucht damit, das «Gewicht dieses Denkmals» (so die Überschrift einer weiteren Liste am 3. Pylon) ganz real einzufangen.

Das königliche Sedfest

Es scheint dieses Fest zu geben, seit es Pharao gibt. Schon auf Siegelabrollungen der frühesten dynastischen Zeit um 3000 v. Chr. begegnen Darstellungen des Königs, der den Sedfest-Lauf ausführt oder in der Sedfest-Kapelle thront. Das sind zwei der wichtigsten Riten dieses Festes, die auch später immer wieder abgebildet werden.

Sinn des Festes ist eine Erneuerung des regierenden Königs, dessen Kräfte sich im Laufe der Zeit immer mehr erschöpfen und damit den Bestand des Staates gefährden. Statt ihn umzubringen und durch einen neuen Herrscher zu ersetzen, begnügt man sich mit dem symbolischen Begräbnis des «alten» Königs in Form einer Statue und gibt ihm Gelegenheit, seine Thronbesteigung zu wiederholen und als «neuer» König weiter zu regieren. Der kultische Lauf, den er vor allen Gottheiten des Landes ausführt, zeigt ebenso symbolisch seine fortdauernde Kraft, die ihn zur Erneuerung der Herrschaft befähigt.

Im Mittleren und Neuen Reich wird dieses Erneuerungsfest vor dem Ende des 30. Regierungsjahres gefeiert und dann in kürzeren Abständen von drei oder vier Jahren wiederholt; bei Ramses II. mit seiner extremen Regierungsdauer von über 66 Jahren kennen wir ein Dutzend Wiederholungen. Dabei stehen die 30 Jahre in Ägypten für die runde Dauer einer Generation. Für das Alte Reich und die Spätzeit erlauben es die Quellen bisher nicht, dieses Kriterium zu bestätigen.

Dagegen gibt uns Amenophis III. den klarsten Beleg für eine reale Feier im 30. Jahr, da sich aus seiner Palastanlage in El-Molgata (Theben-West) zahlreiche datierte Krugaufschriften erhalten haben, die zu Lieferungen für das Sedfest des Königs und seine Wiederholungen gehören. Echnaton, der weniger als 30 Jahre regierte und das Fest offenbar bald nach dem Anfang seiner Regierung begeht, ist eine der wenigen Ausnahmen von der üblichen Regel, doch wird das besondere Gründe haben, die mit der Königsherrschaft des Aton zusammenhängen. Es scheint jedenfalls, daß es sich bei ihm nicht um ein fiktives Fest handelt.

In vielen anderen Fällen bedeutet die Erwähnung eines Sedfestes noch keinen Beweis für eine wirkliche Begehung. Jeder Pharao hoffte darauf, 30 Regierungsjahre zu vollenden und sich in einem Sedfest zu regenerieren, und hat diesen Wunsch oft schon zu Beginn seiner Herrschaft in formelhaften Wendungen artikuliert, ohne daß man daraus eine reale Feier ableiten darf. Vor allem rechnete man damit, die Reihe von Erneuerungsfesten auch nach dem Tode im Jenseits fortzusetzen, deshalb wünscht man z. B. dem jungen Tutanchamun «Millionen Jahre und Hunderttausende von Sedfesten» und bringt solche Wünsche bevorzugt in Bauten an, die dem Fortleben des Königs dienen.

Bei den meisten Zeremonien des Festes trägt Pharao einen besonderen Ornat – ein mantelähnliches Gewand, durch das sich auch die Sedfest-Statuen von anderen unterscheiden. Echnaton gibt ein erstes Beispiel, daß auch Götter ein Sedfest feiern können, später wird vor allem Osiris in diese Symbolik einbezogen, da gerade bei ihm die erhoffte Regeneration eine besondere Rolle spielt. Im übrigen aber handelt es sich, da es ja um Erneuerung der Herrschaft geht, um ein reines Königsfest, bei dem Beamte als Statisten mitwirken, ohne je ein eigenes Sedfest feiern zu können.

Zu den Kriterien für die Feier eines Sedfestes: E. Hornung und E. Staehelin, *Studien zum Sedfest*, Genf 1974 (Aegyptiaca Helvetica 1).

Jubelfeste des alten Königs

Trotz allem aber war Amenophis III. kein «aufgeklärter» und areligiöser Monarch, sondern tief verwurzelt in der traditionellen Frömmigkeit. Sein letztes Lebensjahrzehnt wurde bestimmt von der mehrfachen Feier des großen königlichen Erneuerungsfestes, des *Sedfestes*, das die erlahmenden Kräfte eines Königs nach dreißig Regierungsjahren wiederbeleben und rituell erneuern soll; es wird dann in kürzeren Abständen von jeweils drei Jahren wiederholt. Amenophis III. hat vor seinem Tode noch zwei Wiederholungen begehen können, da er volle 38 Jahre regiert hat. Alle drei Feiern fanden in seinem Palast in El-Molgata auf dem Westufer von Theben statt und sind reich bezeugt durch Lieferungen, die in beschrifteten und oft datierten Krügen dort eingingen. Japanische Grabungen haben auch eine Thron-Estrade aufgedeckt, deren dreißig Stufen auf die dreißig abgelaufenen Regierungsjahre deuten; Darstellungen aus allen Epochen zeigen, wie Pharao im Mittelpunkt des Festes auf einer solchen Estrade thront und damit seine Thronbesteigung wiederholt.

Mit dem Fest war eine spezifische Vergöttlichung des Königs verbunden. Als göttlich galt bereits bisher eigentlich jeder Pharao, und im Neuen Reich wurde diese Göttlichkeit vor allem solar gesehen: der König ist nicht nur «Sohn des Re», sondern wird selber zur Sonne, die der Welt leuchtet, spielt durch seine Taten die Rolle des Sonnengottes auf Erden. Amenophis III., wie später ganz ähnlich Ramses II., geht noch einen Schritt weiter und läßt Statuen aufstellen, in denen er bereits zu Lebzeiten als Gott, spezifisch als Sonnengott, verehrt wird; so ergeben sich Kultszenen, in denen der König vor seinem eigenen Bilde betet oder opfert! Durch den Statuenfund im Tempel von Luxor vor wenigen Jahren haben wir eine Statue kennengelernt, die eigentlich das Bild eines

Bildes ist und das Kultbild des vergöttlichten Königs auf einem Transportschlitten zeigt.

Zur Feier des Festes griff Amenophis auf alte Vorbilder zurück und bemühte sich, es zu neuem Glanz zu erwecken. Die Verjüngung der Herrschaft, die es rituell verwirklichen sollte, dokumentieren Statuen aus dem Ende seiner Regierung, die ihn mit betont jugendlichen Zügen zeigen. Er läßt sich als «Strahlende Sonne» bezeichnen, und an seiner Seite spielt seine Hauptgemahlin Teje die Rolle der Hathor, der Gefährtin des Sonnengottes, die für alle Aspekte der Regeneration steht. Immer wieder ist die «bürgerliche» Herkunft der Königin Teje betont worden, und sie wurde als «einfaches Mädchen» bezeichnet, aber ihre Eltern Juja und Tjuju vertreten eine offensichtlich einflußreiche und bedeutende Familie aus der Gegend von Achmim, mit der sich das Königshaus noch mehrfach verbunden hat. Teje tritt politisch wie religiös in ungewöhnlicher Weise hervor, Siegelamulette mit ihrem Namen finden große Verbreitung, sie genießt sogar das Vertrauen asiatischer Könige und hat in Nubien Anteil an der göttlichen Verehrung ihres Gemahls.

Die Tochterheiraten Amenophis' III. – betroffen sind die Prinzessinnen Satamun und (sehr fraglich) Isis – hängen sehr wahrscheinlich mit dem ersten Sedfest zusammen, ein «neuer» König brauchte wohl auch eine «neue» Hauptgemahlin, wobei die Rechte und die Stellung der Teje keineswegs geschmälert wurden. Die bedeutende Rolle der Königsfamilie in den späten Jahren Amenophis' III. erinnert bereits an ihre Stellung in der eigentlichen Amarnazeit, wenn auch ohne die gelockerte «Intimität» der späteren Szenen. Auffällig ist jedoch, daß der künftige «Ketzerkönig», der durch den vorzeitigen Tod seines älteren Bruders Thutmosis zum Thronfolger wurde, nicht hervortritt;

nur in einer Lieferung zum Sedfest seines Vaters wird er einmal genannt.

Suche nach neuen Mittlern

Die Zeit war erfüllt von der Suche nach neuer Gottesnähe und nach neuen Mittlern zwischen der Welt der Menschen und den Göttern. Deutlich wird dies im Hervortreten der Tierverehrung, für die sich die Zeugnisse unter Amenophis III. häufen. Mit ihm setzen die Begräbnisse der Apis-Stiere in den Grüften von Saqqâra ein, und aus seiner Zeit stammt das Krokodil-Heiligtum von Rizeiqat südlich von Luxor. Dazu treten mehrere monumentale Tierbilder (Paviane von Hermopolis, Skarabäus von Karnak) und der Sarkophag für eine Katze, den der Kronprinz Thutmosis gestiftet hat. In der Kleinkunst der Siegelamulette erscheint der König immer wieder als Tier – als Löwe, Sphinx, Stier, Falke und sogar als Ichneumon. Alles spricht dafür, daß hier nicht volkstümliche Strömungen sichtbar werden, sondern eine gezielte Politik des Königshofes, wobei Echnaton später sehr bewußt in eine andere Richtung steuert, so wie er auch dem Hang zum Kolossalen entgegenwirkt.

Die Erneuerung, die das Sedfest bringen sollte, war dringend notwendig, war doch der König in seinen späten Jahren offenbar schwer leidend. Darüber wußte man selbst im Ausland Bescheid, und sein Schwager Tuschratta, der Mitannikönig, sandte ihm ein heilkräftiges Bild der Göttin Ischtar als Mittel zur Genesung. Aber größere Hoffnung setzte der alte Pharao auf die ägyptische Sachmet, die löwenköpfige, gefährliche Göttin, welche die Krankheiten sowohl sendet als auch heilen kann. In verschiedenen thebanischen Tempeln hat er wahrscheinlich insgesamt 730 (zweimal 365) Statuen der Göttin aufstellen lassen – eine steingewordene Litanei, in der die gewaltige Göttin in allen ihren Namen und Kultformen beschworen wurde, Pharao an jedem Tag und in jeder Nacht des Jahres zu schützen. Noch vor der dritten Wiederholung des Sedfestes ist er gestorben, und sein Sohn Amenophis IV., der sich später Echnaton nannte, trat die Herrschaft an.

Der Thronwechsel ist aufs engste mit dem Problem einer gemeinsamen Regierung beider Herrscher verbunden. Als erster hat Petrie an eine Mitregierung des neuen Königs mit seinem Vater gedacht, da er bei seinen Grabungen in Amarna Hinweise auf den älteren König gefunden hatte. Eine solche gemeinsame Regierung zweier Partner wurde im Mittleren Reich beliebt und brachte dem ägyptischen Staat eine erhöhte Stabilität. Auch im Neuen Reich machte man von dieser Regelung Gebrauch, so vor allem Hatschepsut für ihren zunächst noch unmündigen Neffen Thutmosis III., und dieser vielleicht für seinen Sohn Amenophis II. Seit 1951, als Fairman im dritten Band der *City of Akhenaten* die Idee einer Mitregierung Echnatons erneut aufgriff und durch verschiedene Indizien zu stützen suchte, sind viele Autoren dieser Annahme gefolgt, und vor allem Aldred hat immer wieder eine lange, zwölfjährige Samtregierung der beiden Herrscher verfochten. Das würde für die Alleinherrschaft Echnatons nur fünf Jahre übrig lassen und hätte natürlich tiefgreifende Konsequenzen, auf die wir bereits am Ende des ersten Kapitels hingewiesen haben.

Es ist in der letzten Zeit kein wirklich stichhaltiges neues Indiz für eine Mitregentschaft aufgetaucht, denn eine Darstellung Amenophis' III. am dritten Pylon von Karnak zeigt eine Bildhauerkorrektur und auf keinen Fall die spätere Tilgung eines kleiner dargestellten «Mitregenten» (im Bedeutungsmaßstab müßten beide gleich groß sein!). Positiv ist darauf hinzuweisen, daß der Name des Amun im Grab Amenophis' III. überall intakt ist und daß die hieratische Aufschrift auf dem Amarnabrief 27 doch als «Jahr 2» zu lesen ist und damit für eine direkte Nachfolge spricht. So kann man als Ergebnis einer langen und heftigen Diskussion nur festhalten, daß eine längere Mitregentschaft der beiden Könige nicht zu halten ist.

3

Die ersten Schritte

Die Königstitulatur als Regierungsprogramm

Das erste, was wir von Echnaton nach seiner Thronbesteigung erfahren, ist seine Königstitulatur. Diese bildet in Ägypten immer eine Art Regierungsprogramm und zeigt seismographisch jede Änderung in der Auffassung vom Königtum an. Beim neuen König fällt sogleich auf, daß schon seine erste Titulatur keinen Bezug auf den «Reichsgott» Amun enthält, wenn wir von seinem Geburtsnamen Amenophis bzw. Amenhotep absehen. Es fehlt auch jegliches außenpolitische Programm, das gewöhnlich Pharao als Triumphator über die traditionellen Feinde kennzeichnet, und es fehlen alle kriegerischen Beinamen. Statt dessen finden wir ein Bauprogramm, das sich auf Karnak konzentriert: «Mit großem Königtum in Karnak» (Nebti-Name) und «Der die Kronen erhebt in Theben» (Gold-Name), dazu noch den Zusatz «Gott-Herrscher von Theben» zum Geburtsnamen, wobei mit «Theben» wieder in erster Linie die Anlage von Karnak gemeint ist.

Die Titulatur Pharaos

Seit dem Mittleren Reich nimmt jeder ägyptische König bei seiner Thronbesteigung eine ausführliche Titulatur an, die aus fünf Namen besteht, welche jeweils mit festen Titeln verbunden sind. Es sind dies:

1. Der *Horusname,* der Pharao als Manifestation des alten Himmelsgottes, als «Horus im Palast» kennzeichnet (Horus als Sohn des Osiris ist wesentlich jünger!). Deshalb wird dieser Name in das Bild des Palastes (rechteckiger Grundriß mit der nischengegliederten Fassade) eingeschrieben, über dem der Horusfalke hockt. Die ältesten Könige, um 3000 v. Chr., sind nur mit diesem Namen bezeichnet. Im Neuen Reich beginnt der Horusname stets mit dem Element «Starker Stier» und ist im übrigen sehr variabel.

2. Der *Nebti-Name,* wörtlich «die beiden Herrinnen», konkret die Schutzgöttinnen Nechbet bzw. Uto (Wadjit) von Ober- und Unterägypten, als Geier und Schlange über einem Korb, dem Zeichen für «Herr», geschrieben. Damit wird auf die Dualität der Herrschaft Pharaos angespielt, wie im häufigen Titel «Herr der Beiden Länder». Den «beiden Herrinnen» entsprechen die Königsmächte Horus und Seth als «die beiden Herren».

3. Der *Goldname* oder *Goldhorus-Name,* weil er meistens mit dem Falken über dem Halskragen, dem Zeichen für «Gold» geschrieben wird, doch ist die Deutung des Falken auf Horus fraglich.

4. Der *Thronname,* vom Titel «König von Ober- und Unterägypten» eingeleitet und in eine Kartusche eingeschlossen – ein längliches Oval, das als Knotenamulett den Namen auf allen Seiten schützend umschließt. Seit dem späten Alten Reich wird der Thronname mit dem Namen des Sonnengottes Re gebildet, enthält deshalb das Zeichen der Sonnenscheibe und wurde bisher als theologische Aussage über den Sonnengott gedeutet, in neueren Arbeiten aber eher als Aussage über den König.

5. Der *Geburtsname,* mit dem Titel «Sohn des Re» verbunden. Es ist der Eigenname, den schon der Prinz getragen hat, doch schließt er ihn als König, wie den Thronnamen, in eine Kartusche ein; so hat jeder König zwei Namenskartuschen, weshalb Echnaton auch den «dogmatischen» Namen seines Gottes Aton in zwei Kartuschen einschließt. Die Eigennamen werden meist in ihrer griechisch überlieferten Form zitiert, so als Amenophis oder Thutmosis.

Diese Titulatur bleibt bis zu den römischen Kaisern als Pharaonen in Gebrauch, für die sie allerdings in einer verkürzten Form verwendet wird. Nur selten erscheinen auf einem königlichen Denkmal alle fünf Elemente der Titulatur. Wird der König nur mit einem einzigen Namen genannt, verwendet man in aller Regel den Thronnamen.

Eine neuere Zusammenstellung von Königsnamen aus allen Epochen gibt J. von Beckerath, *Handbuch der ägyptischen Königsnamen,* München und Berlin 1984 (Münchner Ägyptologische Studien 20).

Dort, in Karnak, entsteht auch das erste Heiligtum des neuen Herrschers. Geweiht wird es aber nicht dem eigentlichen Herrn dieses Tempelbezirkes, dem Götterkönig Amun, sondern dem Sonnengott, der in traditioneller Weise immer noch falkenköpfig dargestellt ist, aber neben Re-Harachte jetzt auch Aton heißt – eine Bezeichnung, die bisher die physische Erscheinung der Sonne meinte und erst jetzt göttliche Verehrung genießt. Mit dem großen Bauvorhaben für Re-Harachte-Aton beschäftigen sich frühe Inschriften des neuen Königs in den Sandsteinbrüchen vom Gebel Silsile, wo die Blöcke für Karnak gebrochen werden. Dort erscheint der neue König noch in traditioneller Weise vor Amun-Re, auch wenn sein Bauvorhaben bereits dem Re-Harachte gilt.

Obwohl der König auf einem Skarabäus im Britischen Museum als der bezeichnet wird, «den Amun-Re unter Millionen erwählt hat», läßt seine Regierung von Anfang an eine deutliche Tendenz gegen den bisher führenden Gott erkennen. Und während ägyptische Könige sich sonst bemühen, gleich nach der Thronbesteigung ein umfassendes Regierungsprogramm zu verwirklichen, sich durch Bauten und Feldzüge als Schöpfergott zu erweisen, der die Feinde vertreibt und die Welt mit seinen Denkmälern «erleuchtet», spüren wir bei Echnaton merkwürdig wenig Aktivität außerhalb seiner Bauvorhaben in Karnak. Man hat das Gefühl, daß er alle seine Energie auf die Ausgestaltung seiner «Lehre», auf seinen Versuch einer Umgestaltung der Welt verwendet.

Die ersten Ergebnisse werden bald sichtbar. Der neue Gott erhält einen formellen Namen, wie ihn bisher kein ägyptischer Gott getragen hat und kein Gott jemals wieder tragen wird. Er heißt nun «Es lebt Re-Harachte, der im Horizonte jubelt in seinem Namen Schu, welcher der Aton ist». So lautet die ältere Form des sogenannten «lehrhaften Namens», doch ist dies eigentlich kein

Das Königspaar, begleitet von drei Prinzessinnen, erhebt die Namenskartuschen des Aton (alte Namensform). Aus: N. de G. Davies, The Rock Tombs of El Amarna, Bd. IV, pl. 31.

Name, sondern eine Art Glaubensbekenntnis, das in einem nächsten Schritt, der anscheinend im dritten Regierungsjahr erfolgt, von zwei Kartuschen umschlossen wird, wie sie zur Königstitulatur gehören. Vielleicht erfolgte dieser Schritt aus Anlaß des Sedfestes, das der Gott gemeinsam mit dem König feiert.

Ein Gott entsteht

Zum ersten Mal in der Weltgeschichte läßt sich hier aus der Nähe miterleben, wie ein Gott entsteht. Es ist, als träte der Aton aus der überlieferten Gestalt des Sonnengottes plötzlich hervor und streife rasch auch die letzten Eierschalen dieser Entstehung ab. Am Anfang paßt er sich noch der bisher üblichen Mischgestalt an und wird mit dem Falkenkopf des Sonnengottes als Re-Harachte versehen. Der falkenköpfige Gott wird zunächst auch noch als Schriftzeichen für «Re» im Thronnamen des Königs verwendet, und wir sehen, wie der König den Falken allgemein als Schutzmacht bevorzugt. Von einem Sonnenaltar in Karnak stammt sogar die erste bisher bekannte Darstellung, die Pharao in Gesellschaft der Sonnen-Paviane und der tierköpfigen Mächte von Buto und Hierakonpolis zeigt! Später aber gerät die Tiergestalt der Götter in Mißkredit, nur Uräus und Falke werden noch geduldet, und in seiner Titulatur bleibt der König weiterhin ein Stier (jeder Pharao des Neuen Reiches ist in seinem Horusnamen ein «Starker Stier»).

Der nunmehr dogmatisch festgelegte Name des Gottes, der in zwei Kartuschen eingeschlossen wird, lehnt sich deutlich an das Vorbild der königlichen Titulatur an, die ebenso zwei Kartuschen kennt. Einzelne Gottesnamen konnten schon seit dem späten Mittleren Reich durch eine Kartusche hervorgehoben werden, und Amun-Re gilt im Neuen Reich sehr betont als «König der

Götter», aber eine derart konsequente Ausgestaltung der Königsherrschaft eines Gottes hatte es bislang nicht gegeben.

Die Heiligtümer von Karnak

Über die genaue Lage der frühen Aton-Heiligtümer in Karnak wissen wir nur wenig. Sicher ist, daß zumindest das *Gempaaton*, in dem die Kolossalstatuen des Königs standen, ganz im Osten des Tempelbezirkes lag, also zum Sonnenaufgang hin orientiert. Eines der Heiligtümer scheint ganz der königlichen Hauptgemahlin Nofretete vorbehalten. Dort ist Echnaton überhaupt nicht dargestellt, und die Königin vollzieht allein oder mit ihren Töchtern die gleichen Kulthandlungen wie sonst der König, bis hin zum «Darbringen der Maat» und zum «Niederschlagen der Feinde». Dazu erhält die Königin einen neuen Namen: Nefernefruaton, «Der Vollkommenste (oder: Schönste) ist Aton». Zwar wird ihr kein Thronname verliehen, aber die häufige Verdoppelung ihrer Namenskartusche bildet dafür einen gewissen Ersatz.

Nofretete übertrifft noch die religiöse Rolle der Teje. In Statuengruppen erscheint sie zur Rechten des Königs und in Schrittstellung, was für eine Königin ganz ungewöhnlich ist. Sie assistiert dem König bei allen Kulthandlungen, selbst beim «Niederschlagen der Feinde», und wird auch selber in dieser Triumph-Pose abgebildet. In der Sphinxallee, die von Süden auf den Karnak-Tempel zuführt, alternierten ursprünglich Echnaton und Nofretete als Sphinx; Tutanchamun hat beide in Widdersphingen zu Ehren des Amun verwandelt.

Von Anfang an tritt in der Darstellung der Königsfamilie die «Intimität» hervor, die so kennzeichnend für die Kunst der Amarnazeit ist und noch bei Tutanchamun weiterwirkt. Auf Blöcken aus einem frühen Aton-Heiligtum gibt es Ankleideszenen Echnatons, und das Königspaar erscheint sogar vor seinem Ehebett im Palast, vom Aton mit seinen segnenden Händen überstrahlt.

Der Name *Gempaaton* ist zugleich Anzeichen der erfolgten Sprachreform, denn er enthält bereits den neuägyptischen Artikel. Echnaton erhebt das im Neuen Reich gesprochene Ägyptisch, das wir als *Neuägyptisch* bezeichnen, zur neuen Schriftsprache. Es soll das Mittelägyptische ersetzen, das sich am Ende des Alten Reiches herausgebildet hatte. Diese Sprachreform hat Echnaton überdauert, bald nach ihm entfaltet sich eine reiche neuägyptische Literatur, und das Mittelägyptische wird nur noch für religiöse Texte und offizielle Königsinschriften gebraucht.

Nachdem man für den Sonnentempel des Re-Harachte am Anfang der Regierung noch relativ große Blöcke verwendet hatte, werden die neuen Heiligtümer für den Aton aus kleinformatigen, gut transportablen Sandstein-Blöcken errichtet, die in der Literatur als *Talatat* begegnen, «Dreier»-Blöcke, weil sie eine Spanne Höhe und zwei Spannen Breite aufweisen. Vereinzelte Blöcke waren bereits im 19. Jahrhundert in den Tempelbereichen von Karnak und Luxor sichtbar, doch erst die umfassenden Restaurationsarbeiten der Franzosen und Ägypter seit dem Anfang des 20. Jahrhunderts haben solche Talatat zu Zehntausenden aus den verschiedensten Bauteilen herausgeholt. Neben dem Tempelkomplex von Karnak haben die Tempel von Luxor, Tôd, Medamûd und Armant weitere Blöcke «geliefert». Zusammen mit denen, die immer noch im 10. Pylon von Karnak stecken, darf man mit über 50 000 dekorierten Blöcken rechnen, die einstmals ganze Tempelwände bildeten – ein gigantisches Puzzle, das wieder zu Kultszenen zusammenzusetzen ist! Hier hat man früh versucht, den Computer einzusetzen, doch war das Ergebnis eher enttäuschend. Seit 1965, als Ray Smith das Projekt in Angriff nahm, ist nur eine kleine Auswahl veröffentlicht worden, noch dazu mit zweifelhaften Zusammenstellungen und Rekonstruktionen. Doch hat die Arbeit an den Blöcken eine Fülle von ikonographischen Kostbarkeiten zutage gefördert, die unsere Kenntnis der Anfangsjahre Echnatons bereichern. Wir können hier eine Reihe von Aufnahmen verwenden, die Ursula Schweitzer vor 1960 gemacht hat, als die Blöcke noch frei im Tempelbereich von Karnak lagen, vor ihrer Magazinierung.

Noch einmal das Jubelfest

Eine große Rolle in der Dekoration dieser Blöcke spielt das *Sedfest*, das Echnaton mit seinem Gott Aton feiert. Wir haben von diesem königlichen Erneuerungsfest bereits im vorigen Kapitel gesprochen, bei Gelegenheit der Feiern von Amenophis III. Aber während der Vater das Bestreben hatte, alle Gottheiten des Landes zu diesem Fest zu versammeln und die Zeremonien vor Schreinen mit wechselnden Götterbildern auszuführen, schreitet der Sohn von Schrein zu Schrein, in welchem sich immer nur der eine Aton als Strahlensonne befindet. Neben traditionellen Motiven wie den spezifischen Hathor-Tänzen begegnen neuartige und ungewöhnliche Szenen; eine zeigt den König mit einem Hammer in der Hand.

Die Darstellung des Festes muß nicht seine Realität bezeugen, denn der Ägypter hat immer wieder Realität allein durch Bilder geschaffen. Selbst Echnaton läßt sich selber und Nofretete beim «Niederschlagen der Feinde» darstellen, ohne einen Kriegszug unternommen zu haben. Aber es spricht doch einiges dafür, daß Echnaton die Königsherrschaft seines Gottes Aton mit der Feier eines Sedfestes beginnen ließ. Ob er damit zugleich seinen

30. Geburtstag beging, wie man vermutet hat, bleibt höchst unsicher.

Auch wenn der König im Text der älteren Grenzstelen seiner neuen Hauptstadt «Millionen» von Sedfesten vorsieht und sich verpflichtet, sie dort und an keinem anderen Ort zu feiern, hat er in Achetaton offensichtlich kein Erneuerungsfest gefeiert, zumindest fehlt jeder Hinweis darauf. In der Vielzahl von erhaltenen Gefäßaufschriften sollte ein wirkliches Sedfest Spuren hinterlassen. Nur auf einer Türumrahmung wünscht der Offizier Nechuempaaton seinem König die Feier von Sedfesten.

Der häßliche Pharao ...

Die Reliefdarstellungen auf den *Talatat* und die Kolossalstatuen im Gempaaton sind die ersten Zeugen für die Verwirklichung eines völlig neuen Kunstwollens durch Echnaton. Welchen Eindruck er damit auf einen modernen Betrachter macht, hat Heinrich Schäfer 1931 so formuliert:

«Jeder, der zuerst vor gewisse dieser Bilder tritt, wird fast zurückprallen vor dem Ausbund von körperlicher Häßlichkeit. Der Kopf schwebt auf langem, dünnem Halse. Die Brust ist eingesunken und hat doch fast weibliche Formen. Unter einem aufgetriebenen Bauche und fetten Oberschenkeln stehen dünne Waden, die zu den Spinnenarmen passen. Das Gesicht zeigt tiefe Furchen, eine weit zurückfliehende Stirn und ein kraftlos hängendes Kinn».

Wir haben gesehen, daß sich schon Champollion das Stichwort «morbidezza» aufdrängte, und A. Wiedemann spricht in seiner *Ägyptischen Geschichte* 1884 von den Darstellungen des Königs «in einer abschreckend häßlichen Form, mit verzerrten Zügen und einem hängenden Bauche, als eine vollständige Karikatur»

(S. 397), W. Wolf in *Die Kunst Ägyptens* von «krankhafter Häßlichkeit und nervöser Dekadenz» (S. 453 über die Karnak-Kolosse), und viele andere greifen das Stichwort «Karikatur» auf. Moderne Autoren haben mit Selbstverständlichkeit auch den Zeitgenossen des Königs ein solches Entsetzen, wie es Schäfer beschwört, unterstellt; manche meinten sogar, daß Echnaton bewußt schockieren wollte, indem er solche abstoßende Häßlichkeit der traditionellen, «schönen» Kunst entgegenstellte. Wir wollen hier in keine stilistische Analyse der Amarnakunst eintreten, aber einige Kriterien festhalten, die über das Kunstwollen hinaus einen Einblick in die allgemeine Geisteshaltung des Reformators geben.

Das ruhige Dastehen, das wir von ägyptischer Plastik gewohnt sind, wird hier in geradezu erschreckender Weise aufgehoben. Bewegung, Ausdruck, Emotion, keine Rücksicht auf die Realität – das ist jetzt Maxime. Das Wesen dieser zunächst hilflos nur als «häßlich» oder gar «krankhaft» gekennzeichneten Kunst erschließt sich erst im Vergleich mit modernen Kunstrichtungen, die ähnlich frei mit der menschlichen Gestalt umgehen. Schäfer hat bereits 1926 die Amarnakunst «expressionistisch» genannt, ebenso A. Scharff, und diese Kennzeichnung ist zweifellos treffender, als von einem «Realismus» in Anlehnung an das «wirkliche» Aussehen Echnatons zu sprechen. Diese Kunst ist eine manieristische Verformung der Wirklichkeit, und sie lehnt sich gegen das «klassische» Schönheitsideal auf, welches die 18. Dynastie bisher geprägt hatte.

Es kommt alles in Bewegung, was bisher statisch verharrte und «für die Ewigkeit» dastand. Gerade Achsen werden diagonal, durch fliehende Stirn und überlängte Kronen betont, die Umrisse schwellen auf und ab und erzeugen das rhythmische Spiel der viel zu prallen Oberschenkel und der «hühnerartig mageren» (so Thomas Mann) Unterschenkel, auch Kinn und Lippen beteiligen sich an diesem Schwellen. Neuartige Bewegung treffen wir dazu in der Begegnung von Gott und König, die hoch emporgestreckten Opfergaben treffen sich mit den Strahlen, die aus der Sonnenscheibe hervorschießen. Bewegung prägt schließlich das spielerische, liebkosende Miteinander der königlichen Familie, das in bewegten Gruppen gestaltet wird, und dazu treten die flatternden Bänder, die von der Kleidung, von Kronen und von Möbeln herabhängen.

Echnaton entdeckt den von einem Pferdepaar gezogenen Wagen als Ausdruck dieser neuen Bewegung, und er möchte damit wohl auch den raschen Lauf seines Gottes am Himmel

Das Königspaar im Wagen. Aus: Davies, Rock Tombs, Bd. III, pl. 32A.

nachahmen. In keiner anderen Zeit gibt es so viele Wagendarstellungen in der ägyptischen Kunst, und der Wagen erscheint nicht mehr allein als Streitwagen im Kampf oder bei der Jagd, sondern als Mittel der schnellen Fortbewegung, das der König offenbar ständig benutzt, nur im Tempel schreitet er noch gemessen zu Fuß. Ein Rausch der Geschwindigkeit durchweht die Wagenszenen; auf einem der Blöcke aus Hermopolis rast das Pferdegespann in eine ungeheure freie Fläche hinein, nichts hält die rasende Bewegung auf, und dazu dreht eines der Pferde noch den Kopf in die ungewöhnliche Frontalansicht.

Diese Bewegtheit prägt auch die jetzt so beliebte Darstellung der *Proskynese* – wie beim Gebet in der Moschee beugen sich ganze Reihen von Beamten in anbetender Verehrung des Königs bis auf den Boden, so wie auch Echnaton vor seinem Gott bisweilen ausgestreckt auf dem Boden liegt. Eine Stele aus Heliopolis zeigt die Königsfamilie im oberen Teil auf den Knien unter dem Strahlenaton, im unteren Teil flach auf dem Boden liegend, «die Erde küssend», wie der Ägypter sagt.

Keine Scheu vor Emotionen

Neben die Bewegtheit tritt die Emotion: das obligate Küssen, Umfassen und Liebkosen in der Königsfamilie, die Totenklage des Königspaares an der Bahre ihrer Tochter Maketaton, Nofretete als stillende Mutter, dazu alle die «intimen» Szenen, die nur in der Amarnakunst begegnen. Sie alle wollen zeigen, wie die Liebe, die vom Aton ausgeht, auch das Miteinander seiner Geschöpfe bestimmt, vorbildlich in der unmittelbaren Umgebung Pharaos. Zugleich fällt damit die Scheu, Emotionen zu zeigen und festzuhalten.

Ein Hauch von bisher nicht gekannter Freiheit scheint durch

diese Kunst zu wehen, und man hat das Gefühl, daß die Künstler jetzt frei von allen bisherigen Konventionen gestalten dürfen. Das ist jedoch nur die eine Seite, neben der die strenge Bindung an Prinzipien steht, die Echnaton neu als verbindlich festgelegt hat. Selbst der «Expressionismus» dieser Kunst bedeutet nicht Freiheit, sondern bindende Verpflichtung. Immer wieder wird in den Texten betont, daß der König die Richtlinien des Kunstschaffens selber bestimmt.

Echnaton scheut sich nicht, sogar die bisherigen Grundlagen ägyptischer Kunst in Frage zu stellen. Seine Künstler versuchen sich an kühnen Drehungen und Frontalansichten, und auf der wieder aufgebauten Tempelwand im Museum von Luxor kann man beobachten, wie selbst der Bedeutungsmaßstab seine bisherige Verbindlichkeit verliert: in den beiden unteren Registern ist der im Tempel opfernde König kleiner dargestellt als die hinter ihm auf den Tempel zuschreitenden Träger von Opfern und Geräten! Damit ist eine strenge Regel außer Kraft gesetzt, die seit den Anfängen der ägyptischen Kunst die Komposition der Bilder bestimmt: die Größe der dargestellten Personen (Götter, Menschen und Tiere) richtet sich nicht nach ihrer zufälligen Erscheinung, sondern nach ihrer Bedeutung innerhalb der Szene. Gerade in der Darstellung der Königsfamilie sind Echnatons Künstler diesem Prinzip sonst immer gefolgt.

Der einzige Gott

Das Nebeneinander des Aton mit den anderen Gottheiten dauert nur kurze Zeit. Die traditionelle Göttervielfalt ist beim Sedfest des Königs noch voll präsent, denn ihre Tempel und Domänen müssen zur Finanzierung des großen Festes und der neuen Bauvorhaben mit beitragen; die Ausschließlichkeit des Aton ist also zunächst noch eine relative – er ist, wie mancher ägyptische Gott, *einzigartig*, jedoch nicht *einzig*. In den Darstellungen aber erscheint in den Götterkapellen des Festes nur noch der Strahlenaton, und in einer sehr zerstörten Inschrift aus dem 9. Pylon, die eine Rede des Königs wiedergibt, wird der neue Gott sehr betont von den anderen Göttern abgehoben. Ein Text im thebanischen Grab des Parennefer (der noch «Prophetenvorsteher aller Götter» ist!) betont: «Man mißt die Leistungen für jeden (anderen) Gott mit gestrichenem Maß, doch für den Aton mißt man so, daß es überquillt» – also ganz entgegen der Warnung des Oasenmannes, so zu füllen, daß es nicht überquillt, auch die Maat nicht zu übertreiben, wie es ganz ähnlich schon der weise Ptahhotep anrät.

In Zukunft ist das Symbol des Strahlenaton die einzige Darstellungsweise Gottes, die erlaubt ist. Die Mischgestalt aus Menschenleib und Tierkopf verschwindet, und nur noch die Hände, die von der Sonne ausgehen, erinnern an die frühere menschliche Gestalt. In einer Anfangsphase können diese Hände noch beliebige Gegenstände halten, so in der Szene des «Niederschlagens» sogar Waffen, die sie Pharao darreichen! Im Zusammenhang mit dem Sedfest halten sie die Hieroglyphe dieses Festes, als Wunsch nach vielen Wiederholungen. Erst in der endgültigen Form des «Strahlenaton» bleibt nur noch das Lebenszeichen *Anch* übrig, das an die Nase von König und Königin gehalten wird. Die «Strahlen», die das Bild zeigt, werden immer wieder auch in den Hymnen an den Aton angesprochen, als Zeichen der Nähe dieses «fernen» Gottes.

Echnatons «Perestroika»

Im dritten bis fünften Jahr seiner Regierung hat Echnaton eine *Perestroika* durchgeführt, die alle Lebensbereiche ergriff und mit keiner anderen Phase der ägyptischen Geschichte zu vergleichen ist. Einmalig ist die ungeheure Breite der Umgestaltung – Religion, Kunst, Sprache und Literatur sind betroffen, sicher auch Verwaltung und Wirtschaft, denn wenig später wurden die Tempel der traditionellen Gottheiten geschlossen, ihre Priester als staatliche Angestellte entlassen oder «umgeschult». Noch gab es allerdings keine Verfolgung, doch wird der Hohepriester des Amun im 4. Jahr als Leiter einer Steinbruch-Expedition buchstäblich «in die Wüste» geschickt; nur wenige Wochen vor der Gründung der neuen Residenz meldet der Verwalter Ipi aus Memphis an den König, daß im Ptah-Tempel alles in Ordnung sei und alle Götter die vorgeschriebenen Opfer erhalten.

Trotz des sehr überlegten und schrittweisen Vorgehens gab es mit Sicherheit Opposition. Der König selber spricht im Text seiner Grenzstelen von «schlimmen Dingen», die er im vierten und in den davorliegenden Regierungsjahren gehört habe, doch ohne die Opposition bei Namen zu nennen; in der sehr zerstörten Fortsetzung des Textes scheint er künftiger Opposition vorzubeugen. Bezeichnend ist die militärische Präsenz, die uns bereits auf den thebanischen *Talatat* wie dann später in den Felsgräbern von Amarna entgegentritt. Dahinhuschende Soldaten, vorwiegend eine Garde von Asiaten und Negern, umgeben den König und ersticken jeden Widerstand. Echnaton ist ja der einzige Religionsstifter, dem alle staatlichen Machtmittel zu Gebote standen, und man darf davon ausgehen, daß er sie rücksichtslos zur Verwirklichung seiner Ideen eingesetzt hat. Nur im Untergrund war weiterhin Opposition möglich, «Klagepsalmen» gaben einer verbreiteten negativen Stimmung im Volke und in der einstigen Oberschicht Ausdruck.

Wie breit die Zustimmung zur Umgestaltung war, läßt sich

nicht sagen, war aber für den weiteren Weg des Reformers wohl nicht entscheidend. Sein nächster Schritt bringt eine neue Königstitulatur, aus der nun vor allem der Name des verhaßten Amun, aber auch die Hinweise auf seine Stätten Theben und Karnak entfernt sind; in seinem neuen Nebti-Namen wird Karnak durch den Namen der neugegründeten Residenz Achetaton ersetzt. Den bisherigen Thronnamen *Nefercheperure* kann Echnaton belassen, ebenso bleibt er «der Einzige des Re» (*Uanre*), aber seinen Geburtsnamen Amenhotep ändert er in die Namensform, unter der ihn die Welt heute kennt und der ägyptisch etwa *Achanjati* gelautet hat – «Der dem Aton nützt» oder «Glanz des Aton»; die Wiedergabe als «Geist des Aton» paßt weniger gut, da *Ach* eigentlich nur einen Totengeist bezeichnet, und für «nützen» spricht die Formulierung Echnatons «ich bin dein Sohn, der dir nützt und deinen Namen erhebt» (Sandman, *Texts* 14, 13–16). Die genaue Nuance des Namens entgeht uns, und wir verwenden in diesem Buch die konventionelle Form Echnaton, nicht Achenaten oder das korrektere Achanjati – genaue Vokalisierungen des Altägyptischen sind problematisch, da die Hieroglyphenschrift keine Vokale schreibt.

«... das schöne Kind des lebendigen Aton»

Die traditionellen Titel Pharaos werden unverändert beibehalten, doch nennt der König sich oft und gern «das schöne Kind des lebendigen Aton»; Darstellungen des Königs als Kind werden jetzt beliebt und dienen auch als Amulett, Ersatz für die verbannten Götteramulette der früheren Zeit. Der Aton, Echnatons Gott, ändert seine Königstitulatur erst einige Jahre später.

Die Annahme der neuen Titulatur fällt zusammen mit der feierlichen Gründung einer neuen Residenz; beides erfolgte im fünften Jahr der Regierung. Echnaton hatte sich dazu durchgerungen, Theben nicht weiter mit Bauten für seinen neuen Gott Aton zu schmücken. Er suchte einen Ort, wo er nicht von den Denkmälern des traditionellen Stiles und der traditionellen Gottheiten eingeengt wird, und er fand diesen Ort an einer abgelegenen Stelle Mittelägyptens, wo er nichts schon Vorhandenes zerstören mußte, sondern einzig aufbauen konnte.

Das Vorbild für eine solche Verlegung der königlichen Residenz konnte er in Amenemhat I. finden, der im 20. Jahrhundert v. Chr. die 12. Dynastie begründet und Theben verlassen hatte, um über 60 km südlich von Kairo, beim heutigen Dorf Lischt, eine neue Residenz zu gründen. Dies aber hatte nur politische, keine religiösen Ursachen gehabt, während es sich jetzt um eine vor allem religiös bedingte *Hidschra* des Religionsstifters handelt, die noch dazu in keines der alten Zentren, sondern in die abgelegene Provinz führt.

Bevor wir seine neue Residenz besichtigen, wollen wir die neue Lehre, die er verkündet, wenigstens in Umrissen zusammenfassen.

4

Eine neue Religion

Keine Offenbarung Gottes

Echnaton hat kein heiliges Buch hinterlassen, seine Stiftung gehört nicht zu den Buchreligionen. Und ein «Wort Gottes» ist in dieser neuen Religion vollends undenkbar, weil der neu verkündete Gott stumm bleibt. Der Aton selber spricht nicht, aber sein Verkünder Echnaton spricht über ihn. Wir sind also auf Zeugnisse angewiesen, die aus den Inschriften des Königs und seiner Beamten stammen.

Darin ist immer wieder von der «Lehre» oder «Unterweisung» Echnatons die Rede, die er in das Herz seiner Untertanen gibt. Das ägyptische Wort *sebait*, das hier verwendet wird, bezeichnet zwar auch die schriftlich überlieferten «Lebenslehren» seit dem späten Alten Reich, aber es scheint sich in der Amarnazeit tatsächlich und ausschließlich um die mündlich erteilte Belehrung und Unterweisung durch den König zu handeln, nirgends findet sich eine Spur von religiösen Traktaten.

Für einen König des Neuen Reiches ist es überhaupt erstaunlich wenig, was Echnaton uns schriftlich hinterlassen hat: die Grenzstelen seiner neuen Residenz mit zwei verschiedenen Texten, der Große Atonhymnus oder «Sonnengesang», der ihm wohl zu Recht persönlich zugeschrieben wird, obwohl er im Grabe des Aja aufgezeichnet ist, und eine Siegesinschrift im fernen Nubien, die zweifellos sein dortiger Vicekönig im Namen des Königs errichtet hat. Dazu kommen wenige Inschriften aus dem Anfang seiner Regierung und weitere Hymnen. So kann man an schriftlichen Quellen zur Religion Echnatons nur noch einige erhellende Passagen aus den Grabinschriften seiner Beamten heranziehen.

Es spricht für die Klarheit und Einfachheit dieser Religion, daß derart spärliche Quellen doch ein Gesamtbild ergeben und uns erlauben, einige Vertrautheit mit ihren Wesenszügen zu gewinnen. Dazu treten allerdings noch die bildlichen Zeugnisse: die Darstellung des Gottes Aton und der königlichen Familie, die reichen Architektur-Darstellungen und andere Motive in den Beamtengräbern, die uns Einblick in Tempel und Palast geben. Echnaton betreibt eine Verkündigung seiner Lehre durch einprägsame Bilder, zu denen vor allem der Strahlenaton und die Familienszenen gehören. Dabei sind die Motive verbindlich festgelegt, es verbleibt den Künstlern kaum Spielraum, aber die Fülle von neuen Bildmotiven muß das Gefühl geweckt haben, daß alles auch bildlich sagbar ist. Das hat seine Auswirkung lange über Echnaton hinaus – die Ramessidenzeit und nach ihr die 21. Dynastie entwickeln einen bisher nicht gekannten Reichtum an religiösen Bildern.

Neu ist die Verbindlichkeit, die den Bildern und Namen der Amarnazeit eignet. Bisher herrschte weitgehende Freiheit, mit welchen Namen und Beinamen man eine Gottheit in einer Kultszene kennzeichnen wollte; es war sogar Prinzip, dabei nach lebendiger Abwechslung zu streben und sich möglichst wenig zu wiederholen. Das galt ebenso für den Spielraum bei der Darstellung einer Gottheit und der Konstellation, in die man sie einfügte. Jede Gottheit hatte ja eine Vielzahl von Namen, Erscheinungsformen und Konstellationen, der man gerecht werden wollte. Jetzt aber gibt es nur noch *einen* festgelegten Namen, *ein* festgelegtes Bild des Aton, jede Variation ist ausgeschlossen, selbst die Beinamen sind auf wenige Stereotypen reduziert.

Gott als Pharao

Wir haben schon darauf hingewiesen, wie konsequent hier die Königsherrschaft eines Gottes verkündet wird. Aton herrscht als König über die Welt, er trägt eine königliche Titulatur und den königlichen Uräus, er feiert sogar königliche Erneuerungsfeste. Wie Beamte häufig den Namen ihres Königs auf ihre Statuen setzen, so tragen nun Statuen des Königspaares die Namenskartuschen ihres Königs und Gottes. Und die universale Herrschaft wird bildlich durch die vielen Hände des Gottes angedeutet, denen alles erreichbar ist. Aus früheren, tastenden Versuchen, die Sonnenscheibe mit Händen zu versehen, ist in einem kühnen Schritt das vollendete, genial einfache Bild des Strahlenaton geworden. Dabei darf die starke, plastische Wölbung, welche die Scheibe öfter aufweist, nicht zu einer Deutung als «Sonnenball» verleiten.

Eigentlich ist der Aton nicht die Sonnenscheibe, sondern das *Licht*, das in der Sonne ist und, von ihr ausstrahlend, die Welt ins Leben ruft und am Leben erhält. Schon Brugsch hat den Aton als Lichtgott herausgestellt, und Assmann konnte diese Sicht neu präzisieren. Seit alter Zeit dient ja die strahlende Sonne in der Schrift als Zeichen für «leuchten, strahlen» u. ä.

Gegenüber den reichen mythischen Bezügen, in welche die ägyptischen Götter sonst eingebettet sind, bleibt der Aton frei von solchen Verbindungen und Konstellationen. Ausgesagt wird von ihm eigentlich nur, daß er die Welt immer wieder schafft und am Leben erhält; aber selbst dabei interessiert die urzeitliche Schöpfung der Welt nicht weiter – Aton, «der sich selbst baute mit eigenen Händen», erschafft die Welt kontinuierlich. Die nächtliche Unterweltsfahrt und die Überwindung des Sonnenfeindes Apophis sind fortgefallen, und selbst das Vehikel der Sonnenfahrt, die Barke des Gottes (in Ägypten mit seinen zahllosen Wasserstraßen fahren alle Götter in Booten!), wird nicht mehr genannt.

Pharao als Gott

Aton (oder Re-Harachte) ist der Gott Echnatons, aber der persönliche Gott des Einzelnen ist der König – «er ist der Gott, der in Prozession auszieht, der Zeichen und Wunder tut, der in das Schicksal des Einzelnen eingreift und Tod und Leben in Händen hält» (J. Assmann). Die Beamten an Echnatons Hof pflegen den Topos einer totalen Abhängigkeit, in welcher Ansätze aus den «Loyalistischen Lehren» des Mittleren Reiches weitergeführt und übersteigert werden. Als Spender allen Unterhaltes fleht man den König an und häuft dazu noch Schöpferprädikate auf ihn; der Bürgermeister der neuen Residenzstadt bringt das in seinem angenommenen Namen auf die Formel «Nefercheperure läßt entstehen».

Diese Stellung den Menschen gegenüber ist nicht einfach die alte Rolle Pharaos, sondern wächst aus der Person Echnatons als dem geliebten Sohn des Aton. Schon vor ihm hatte sich Pharao als «Sohn des Re» gefühlt und seine göttliche Herkunft betont. Aber Echnaton ist in viel persönlicherer Weise Gottes Sohn, und hier liegt der Keim für das Scheitern seiner Lehre, denn sie steht und fällt mit seiner Person. Dabei stellte sich auch für ägyptische Theologen die Frage nach der Wesenseinheit von Vater und Sohn. In der achten Szene des Pfortenbuches, das als neue Unterweltsbeschreibung in der Amarnazeit (vor oder nach Echnaton) entstanden ist, betont Atum mit der Formel «ich bin der Sohn, der hervorging aus seinem Vater, ich bin der Vater, der hervorging aus seinem Sohn» seine völlige Einheit mit Re und spielt zugleich, vom Kontext her, auch auf das Vater-Sohn-Verhältnis von Osiris und Horus an.

Während Aton kein Nationalgott ist, sondern als universaler Sonnengott der ganzen Welt leuchtet, bleibt Echnaton immer der ägyptische Pharao, wird niemals zu einem Propheten für die gesamte Menschheit. Das zeigt sich rein äußerlich in der Titulatur: Echnaton ist «Herr Beider Länder», also Ägyptens, der Aton aber «Herr der Welt» (konkret als «Himmel und Erde»)!

Persönliche Frömmigkeit ist jetzt ausschließlich Loyalität dem König gegenüber, und das bedeutet: gegen Echnaton als Person; ein anderer Mittler ist nicht denkbar. Wir haben schon auf die übersteigerten Anrufe durch seine Beamten hingewiesen; wahre Hymnen werden ihm zugesungen, so durch Panehsi:

Lob dir, du mein Gott, der mich baute,
der mir Gutes bestimmte,
der mich werden ließ und mir Brot gab,
der für mich sorgte mit seinem Ka!
. . .
Ich spende Lob bis zur Höhe des Himmels,
ich bete an den Herrn der Beiden Länder, Echnaton:
Schicksalsgott, Lebenspender, Herr der Gebote,
das Licht jeden Landes,

von dessen Anblick man lebt.
Der Nil der Menschheit,
von dessen Ka man sich sättigt.
Gott, der Große erschafft und Arme erbaut,
Luft für jede Nase, durch den man atmet!

Immer wieder wird Echnaton, wie hier, als der Nil Ägyptens bezeichnet, verkörpert die jährliche Überschwemmung doch alle Wohltätigkeit der Natur, und dazu ist er «die Mutter, die alles gebiert, er ernährt Millionen mit seiner Speise», so wie der Sonnengott Re schon vor Echnaton (im Hymnus von Suti und Hor) als «Mutter der Menschen und Götter» und später noch mehrfach als «Mutter und Vater» bezeichnet wird.

Das weibliche Element: Nofretete

Damit decken Echnaton und sein Gott die weibliche Sphäre zum Teil mit ab, doch tritt als Dritte im Bunde noch Nofretete hinzu, auf deren Bedeutung wir schon im letzten Kapitel hingewiesen haben. Diese Bedeutung ist nicht politischer, sondern rein religiöser Natur und setzt damit andere Akzente als bei Teje. Nofretete beteiligt sich an der Herrschaft, ohne formell Mitregentin zu sein. Sie ist Echnatons persönliche Göttin und bildet mit ihm und dem Aton eine göttliche Dreiheit, wie sie im Pantheon des Neuen Reiches so häufig begegnet. Die Konstellation, die hier durchscheint, ist die von Atum, dem einen Gott des Anfangs, mit dem Paar Schu/Tefnut, das aus ihm hervorging. Das ist am Anfang noch ganz deutlich, wenn z. B. einige der Kolossalstatuen Echnatons die Vierfederkrone des Schu tragen. Später werden die Hinweise versteckter, etwa beim «Erheben» der Namen des Aton durch das Königspaar.

Mögliche Ratgeber

Zu fragen ist, ob außer dem Königspaar noch andere Personen am «Hervordenken» dieser neuen Religion beteiligt waren. Echnaton nennt an keiner Stelle Namen, denen er sich verpflichtet fühlt, betont vielmehr immer wieder, daß nur er allein den Aton kennt. Der oft behauptete Einfluß von Heliopolis, dem alten religiösen Zentrum des Sonnenkultes, auf den neuen Atonglauben läßt sich nicht nachweisen; der dortige Hohepriester Aanen, ein Bruder der Teje, gehörte sicher zu den Würdenträgern, denen der junge Prinz öfter bei Hofe begegnet ist, doch wissen wir nichts über seine religiösen Vorstellungen und über seinen möglichen Einfluß. Und die Quellen verraten auch nichts darüber, wie Teje, die Mutter, religiös eingestellt war, so gerne man ihr einen gewissen Einfluß zuschreiben möchte.

Unter allen Beamten am Hofe des Vaters ragt ein Amenophis hervor, der im Unterschied zu den vielen anderen Männern dieses Namens (den ja auch Echnaton zunächst getragen hat) als «Amenophis, Sohn des Hapu» bezeichnet wird und aus Athribis im Delta stammt. Mit dem nicht besonders hohen Titel eines «Rekrutenschreibers» versehen, wurde er von seinem König mit ganz ungewöhnlichen Gunstbeweisen bedacht; so erhielt er als einziger Beamter des Neuen Reiches einen eigenen Totentempel auf dem thebanischen Westufer, sonst ein ausschließlich königliches Vorrecht. Eine Reihe von Statuen aus Karnak zeigt ihn als weisen Schreiber, und die Spätzeit verehrt ihn als vergöttlichten Weisen, den man gerne in einem Atemzuge mit Imhotep nennt, dem Erbauer der ersten Pyramide. Auch Amenophis leitete wichtige Bauvorhaben für seinen König, so den Transport und die Aufstellung der Memnonskolosse; dazu wirkte er, schon hochbetagt, als Festleiter beim Sedfest Pharaos. So muß der Sohn des

Hapu eine ungewöhnliche und herausragende Persönlichkeit gewesen sein, die im Andenken der Menschen weiterlebte und sehr wahrscheinlich auch den heranwachsenden Thronfolger beeindruckt hat. Aber keine Quelle informiert uns darüber, was Echnaton ihm konkret verdankt.

Nominell standen am Ende der Regierung Amenophis' III. die beiden Wesire Ramose und Aper-El an der Spitze der Verwaltung, doch deutet nichts darauf hin, daß sie eine besondere religiöse Linie verfolgt hätten. Ramose hat in seinem thebanischen Grab (Nr. 55) noch den Wechsel vom traditionellen zum neuen Kunststil dokumentiert, mit dem Königspaar unter dem Strahlenaton; damit hat er die Reform nach außen hin unterstützt, dürfte aber wenig später gestorben sein. Neben den Wesiren hatte von Amtes wegen der Vicekönig von Nubien («Kusch»), in dieser Zeit Merimes, eine herausragende Stellung.

An Einfluß überragte sie sicher Aja, der wahrscheinlich ein Bruder der Teje, dazu Erzieher und vielleicht sogar Schwiegervater Echnatons war, falls Nofretete dieser prominenten Familie aus Achmim entstammte. Aja spielte während der ganzen Amarnazeit eine wichtige Rolle, in seinem Grabe ist der Sonnengesang des Königs aufgezeichnet, und es scheint verlockend, ihn als eine Art Guru des jungen Reformators zu deuten. Aber wir müssen auch hier betonen, daß sich bisher keine sichere Quelle dafür findet.

Die anderen Beamten der Zeit bleiben für uns bloße Namen, ohne in ihrer Persönlichkeit faßbar zu werden. Doch gab es zweifellos einen Kreis von Hofbeamten, der dem neuen König und seiner religiösen Lehre loyal ergeben war. Es galt nun, für die verschworene Gemeinschaft von König und Hofbeamten einen neuen Ort zu finden, der von der Last der Tradition und von der nahen Gegenwart der alten Götter nicht beschwert wurde, ohne Zeugen der Vergangenheit und Neuland in jeder Beziehung.

5

Eine Stadt für einen Gott

Die Gründung von Achetaton

An der Stelle, die Echnaton für seine künftige Königsresidenz auswählt, werden zunächst Grenzstelen errichtet, um das vorgesehene Gebiet feierlich zu umgrenzen. Die insgesamt 14 Stelen (drei auf dem West-, elf auf dem Ostufer) stecken einen ausgedehnten Bezirk ab, wobei die eigentliche Stadt nur auf dem Ostufer liegt, wo sich nun auch die Friedhöfe befinden; der «schöne Westen», das bisherige Totenreich, spielt keine Rolle mehr.

Das Datum der drei älteren Stelen kann als 13. IV. der *prt*-Jahreszeit rekonstruiert werden, im 5. Regierungsjahr des Königs und damit nur einen knappen Monat nach einem Brief, den der Verwalter Ipi, ein Neffe des Wesirs Ramose, aus Memphis an den König richtet, der sich wohl schon im Zeltlager von Amarna befindet; in diesem Brief meldet Ipi seinem König, der noch Amenophis heißt, daß im Ptahtempel zu Memphis alles zum besten stehe und daß die vorgeschriebenen Opfer für alle Götter und Göttinnen von Memphis vollständig ausgeführt werden, ohne ihnen etwas vorzuenthalten. All das geschieht im Namen des Königs, und Ipi bezeichnet ihm gegenüber den Gott Ptah als «deinen wahren Vater, aus dem du hervorgegangen bist».

Dem amerikanischen Astronomen Ronald Wells, der die Orientierung ägyptischer Tempel erforscht hat, verdanken wir ein Szenario für die Gründung der neuen Hauptstadt. Demnach sei das Gründungsdatum so gewählt worden, daß die Sonne an jenem Tag für einen Beobachter im kleinen Tempel, also im Totentempel des Königs, genau in der Verlängerung der Tempelachse aufging, in einer Einbuchtung am Osthorizont, wo das Wüstental mit dem Grab des Königs in die weite Ebene von Amarna mündet; um 1350 v. Chr. war dieser Tag der 4. März im julianischen bzw. der 20. Februar im gregorianischen Kalender. Zur Lichtreligion Echnatons paßt ein Gründungstermin aufs beste, an welchem der Aton aus dem Tal, das er für sein eigenes Grab und das seiner

Die Darstellung der Grenzstele S von Achetaton. Aus: Davies, Rock Tombs, Bd. V, pl. 26.

Familie vorgesehen hatte, heraustritt und die ganze Ebene, in welcher die Stadt liegen sollte, mit seinem Licht überflutet. Von daher ist die Annahme von Wells überaus reizvoll, doch hat sie auch Widerspruch gefunden, da die Tempelachse keineswegs so genau festliegt und überdies auch der Zeitpunkt des Sonnenaufgangs (in der damaligen Sicht) nicht eindeutig ist. Aber allein schon der Name der neuen Residenz, *Achetaton* «Horizont (oder: Lichtort) des Aton», ist programmatisch und weist auf das Sonnengestirn hin.

Genau ein Jahr später, am gleichen Kalendertag im 6. Jahr, werden die restlichen Grenzstelen datiert, von denen drei auch auf dem Westufer des Niles einen weiten Bezirk abstecken, der jedoch nie überbaut wurde. Der gesamte ausgegrenzte Bezirk war feierlich dem neuen Gott geweiht worden, «mit Bergen, Wüsten, Feldern, Äckern und Ortschaften, mit Menschen, Tieren und Pflanzen», wie es im Text der Stelen heißt. Diese Schenkung an den Gott wird durch einen feierlichen Eid bekräftigt, den der König beim Leben des Aton, aber auch seiner Gemahlin und seiner Kinder schwört. Er weiht die neue Hauptstadt dem Aton «als ein Denkmal für seinen Namen für alle Zeit», kraft göttlicher Inspiration; denn er selber, der Gott, hat ihm diesen Platz gewiesen, der ideale Bedingungen erfüllt. Kein Gott und keine Göttin, auch kein Herrscher früherer Zeit können Anspruch auf diesen Ort erheben, der völlig unberührt ist, reine Gegenwart für die Strahlen des Aton.

Es ist ein Ort, wo allein der Aton und sein geliebter Sohn und Verkünder herrschen, wo sich die Einwohner ganz dem Dienst an Gott und Pharao ergeben können, unbelastet von irgendwelchen Zeugen der Vergangenheit. Erst hier ist die ungetrübte Verwirklichung der neuen Religion möglich, die nun in den folgenden

Jahren immer reiner, aber auch immer extremer ausgestaltet wird. Dieser ausgereiften Form der Lehre werden wir uns im nächsten Kapitel zuwenden.

Die Wüstenterrasse auf dem Ostufer, die von wenigen flachen Tälern durchschnitten wird, bot ein gut geeignetes Gelände für die geplante Großstadt. Zunächst wurde ein Zeltlager errichtet, das im jüngeren Stelentext des 6. Jahres erwähnt ist und von wo aus der König bei seinen Besuchen die Großbaustelle besichtigen konnte. Die Arbeit schritt schnell voran – vielleicht weist die Wiederholung des Königseides im 8. Regierungsjahr bereits auf den Umzug des Hofes in die neue Residenz hin. Schon für das 5. Jahr müssen wir uns eine riesige Baustelle vorstellen, und mit diesem Jahr setzen auch die regelmäßigen Weinlieferungen in die Stadt des Aton ein, wobei im 6. Jahr immer noch die Amunsdomäne im Delta als Lieferant beteiligt ist.

Eine ungewöhnliche Residenz

Die neue Stadt, die hier buchstäblich aus dem Boden gestampft wird – man verwendet sehr viel ungebrannte Ziegel, auch bei den offiziellen Bauten –, ist keine gewöhnliche Königsresidenz, sondern eine Kultstätte für den Dienst an Aton, seinem Propheten Echnaton und dessen Familie. Die Felsgräber der höheren Beamten und die beschrifteten Eingänge ihrer Wohnquartiere zeigen uns, *wer* hier, im Bannkreis des Königs, festen Wohnsitz nahm. Es sind das Personal des Aton-Heiligtums, mit dem Hohenpriester Merire und dem Verwalter und Rindervorsteher an der Spitze; der Palast-Vorsteher und der Harems-Vorsteher, der Leibarzt des Königs, der Bürgermeister und die Verwaltung der neuen Stadt, Tempelschreiber und Beamte des Schatzhauses, Architekten und Künstler, Offiziere und Polizeibeamte. Ein ganz wichtiger Mann ist der Polizeichef Mahu, dessen Grabdekoration Szenen aus seinem Berufsleben festhält, was in den Beamtengräbern Amarnas sonst nicht mehr üblich ist; dort treten die Beamten ganz hinter der Darstellung der Königsfamilie zurück, von der nun auch das jenseitige Heil abhängt.

Unter den Beamten in Achetaton treffen wir zwar auch einen der Wesire, aber keine sonstigen Spitzen der staatlichen Verwaltung und natürlich auch keine Priester außer denen, die dem Gott Aton und seinem Propheten Echnaton dienen. Die neue Residenz war offensichtlich nicht als Sitz der Landesverwaltung gedacht. Diese blieb in Memphis, wohin schon unter den Vorgängern Echnatons ein großer Teil aus dem etwas abgelegenen Theben verlegt worden war. Trotz der Offenheit der neuen Stadt, die ohne Mauern auskam, war der Zutritt für Unbefugte offensichtlich unterbunden. Eine soziale Unterschicht tritt im Stadtbild nicht in Erscheinung, denn Diener und Sklaven hatten keine eigenen Häuser, sondern waren in den Haushalt ihrer Herren, der königlichen Gefolgsleute, eingebunden. Und ein städtisches Proletariat konnte sich an diesem Ort nicht so rasch entwickeln, jeder Bewohner hatte seine festgelegte Funktion. So kann man in dieser «Stadt der Villen und Paläste» (J. Spiegel) keine Armenquartiere erwarten.

Ungewöhnlich ist auch die Anlage der neuen Residenz. Villenquartiere, wie sie keineswegs typisch für eine altägyptische Stadt sind, umschließen im Norden und Süden ein «offizielles» Zentrum mit Palast, Tempeln, Kasernen, staatlichen Büros und Vorratshäusern, Archiven usw. Für Werkstätten gab es kein bestimmtes Quartier, sie waren mit einzelnen Häusern verbunden; Läden, Wirtshäuser und Schulen haben keine architektonischen Spuren hinterlassen, die letzteren sind sehr wahrscheinlich im

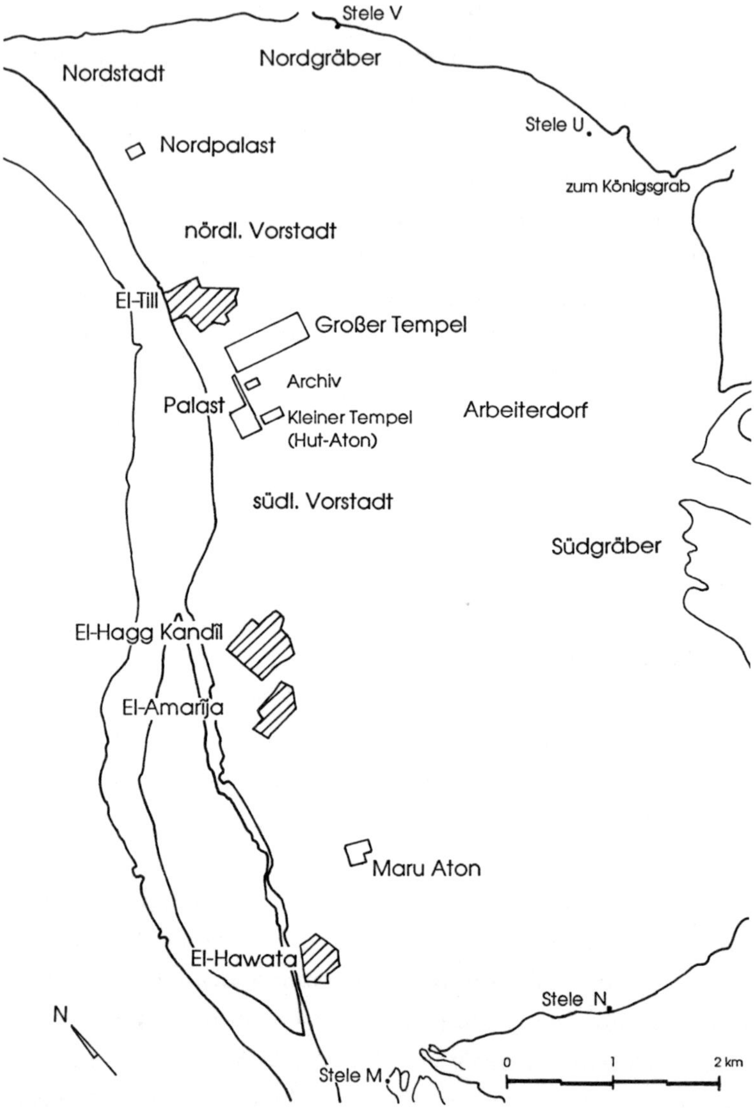

Übersichtsplan von Achetaton. Aus diversen Vorlagen zusammengestellt von G. Roulin.

Tempelbereich zu suchen. Ein Leben auf der Straße, wie man es in südlichen Breiten erwartet, konnte sich hier nicht entwickeln. Die 40 m breiten Hauptstraßen, die parallel zum Nil verlaufen, dienten vor allem für die tägliche Wagenfahrt des Königs und seiner Begleitung von seinem Wohnpalast im Norden zu den Kultbauten im Zentrum, eine Fahrt über mehrere Kilometer. Wir erwähnten schon, daß Echnaton als erster Pharao den von einem Pferdepaar gezogenen Wagen als Mittel rascher Fortbewegung und königlicher Repräsentation entdeckt hat. Vorher kennen nur Darstellungen von Kampf und Jagd den Wagen, den Ägypten erst im Neuen Reich kennengelernt hat; jetzt benutzt ihn Echnaton bei jeder Gelegenheit, als Ausdruck der Bewegung, die auch den neuen Kunststil dieser Zeit prägt. Die Stadtbewohner erleben ihren Pharao wohl zumeist in der Staubwolke seiner Wagenkolonne.

Die gesamte Bevölkerung muß nach plausiblen Schätzungen zwischen 50000 und 100000 Einwohner betragen haben. Aus den erhaltenen Grundrissen, welche die Grabungen aufgedeckt haben, läßt sich eine Hierarchie der Wohnhäuser aufbauen. Die hohen Beamten legen Wert auf Repräsentation. Ihre Gehöfte haben Einfahrten, die auch die Gespanne benutzen konnten, denn das königliche Vorbild der Wagenfahrt wurde, wenn möglich, kopiert. Einer der höheren Beamten der Residenz, Ani, hat sich sogar auf seiner Grabstele mit seinem Gespann und seinem Wagenlenker Tjai verewigen lassen. Dazu brachte man am Eingang, in dauerhaften Stein gemeißelt, Titel und Namen des Eigentümers an, was sonst nur bei Grabanlagen üblich war. Die Wohnhäuser dieser hohen Herren weisen bis zu 20 Räume auf, gruppiert um eine zentrale Säulenhalle; dazu traten ein Hof und Wirtschaftsgebäude wie Ställe, Speicher und Werkstätten, nach Möglichkeit auch ein privater Garten, in dieser wasserarmen Gegend ein besonderer Luxus.

Komfort ist gefragt

Selbst die mittleren Anlagen weisen im Schnitt noch 116 m^2 und eine Vielzahl von Räumen auf, wobei man zusätzlich mit einer Nutzung der flachen Dächer rechnen muß. Viele der Häuser besitzen Bad und Toilette, oft auch einen eigenen Brunnen und eine Kultkapelle auf dem eigenen Grundstück, die zur Verehrung eines «Führerbildes» mit dem König und seiner Familie unter der Strahlensonne diente. Der Rang einer Hausanlage läßt sich auch an der Mauerdicke ablesen, die zusammen mit den Öffnungen das Klima im Inneren bestimmt. Mehr als die Hälfte der Häuser haben dünne Mauern von nur einem halben Ziegel Stärke; die Mauern der übrigen sind bis zu drei Ziegeln stark, was einen optimalen Schutz gegen Erwärmung wie gegen Abkühlung gewährte. Hinzu tritt das Bestreben, den zentralen Wohnraum möglichst auf allen Seiten mit Nebenräumen zu umgeben, so daß die Schwankungen des Klimas in der bestmöglichen Weise ausgeglichen wurden. In solchen «besseren» Häusern lebten die politisch-religiöse Führungsschicht und ihre unmittelbaren Gehilfen; dagegen gehörten die einfacheren Häuser jener breiten Unterschicht, welche alle die vielfältigen Arbeiten ausführte, die an einem solchen Ort anfallen.

Die Wohnquartiere der Beamten halten sich in der Nähe des Niles, der als Verkehrsweg und als Wasserspender diente. Dabei mußte die Wasserversorgung auch den privaten und öffentlichen Gärten dienen, die das Bild dieser Stadt prägen. Seinen Wohnpalast, ganz im Norden der Stadt, suchte der König durch Gartenanlagen und Wandmalereien vollkommen in die Natur einzubetten. Darstellungen und kunstvolle Futterkrippen bezeugen überdies eine Art «Zoologischer Garten» für das Wild der Wüste, das Echnaton hier aus nächster Nähe beobachten konnte, um sich der Fürsorge seines Gottes für alle Kreatur zu freuen. Das war übrigens nicht ganz neu, denn ein Tierpark mit möglichst exotischen Tieren (sie erscheinen unter den «Tributen» der Fremdländer) gehörte schon bisher zum Anspruch Pharaos auf universale Herrschaft, bis zu den Grenzen der geordneten Welt.

Achetaton bedeckt einen Streifen von nur 1 km Breite, während die Nord-Süd-Ausdehnung, die dem Lauf des Flusses folgt, für die eigentliche Stadt 3,5 km, mit Einschluß der Außenbezirke sogar 9 km beträgt. Diese Fläche war sehr locker bebaut, für eine orientalische Stadt höchst ungewöhnlich; damit blieb jedoch viel Platz, der bei einem künftigen Anwachsen der Stadtbevölkerung ausgefüllt werden konnte.

Weiter östlich wurde, schon mitten in der Wüste, eine Arbeitersiedlung angelegt, welche die Siedlung von Deir el-Medine in Theben ersetzen sollte; möglich ist, daß die thebanischen Spezialisten, die zuvor an den Königsgräbern und anderen Anlagen auf dem Westufer gearbeitet hatten, geschlossen umgesiedelt wurden. Während die Residenz selber keine Stadtmauer aufweist, umgibt hier eine Mauer den Kern von knapp 70 dicht zusammengedrängten Häusern. Die Siedlung mußte von außen mit Wasser versorgt werden, und die englischen Grabungen konnten Spuren einer ausgedehnten Schweinezucht feststellen, auf welche sich die Arbeiter neben ihrer staatlichen Versorgung stützten. Zwar galt das Schwein auch im alten Ägypten als unreines Tier, wurde aber ökonomisch durchaus genutzt und auch zur Beseitigung von Abfall eingesetzt. Der Besucher der Hauptstadt konnte daher auf ihren Straßen nicht nur das Königspaar mit seinem Gefolge, sondern auch Schweineherden und ihre Hirten antreffen!

Den Beamten in der Residenz wurde das Gehalt in Form von Getreide ausbezahlt, worauf große Silos und eigene Backöfen in den Häusern hinweisen. Davon konnten sie ihre Hausangestellten mit «bezahlen» und andere notwendige Güter eintauschen. Man darf überdies annehmen, daß sie auch an den Opferspeisen beteiligt waren, die täglich auf den unzähligen Altären der Tempel für den Gott Aton bereitgestellt und sicher am Ende der Kulthandlungen wieder abgeräumt wurden. In den meisten erhaltenen Quellen wird die Entlöhnung in «Brot und Bier» berechnet, als den wichtigsten Natural-Abgaben, denn eine Geldwirtschaft hat sich in Ägypten erst für die griechischen Söldner der Spätzeit entwickelt.

Die Stadt des Lichtes

Achetaton war eine Stadt für Aton, den Gott des Lichtes, das von der Sonne ausgeht und in Echnatons Sicht die ganze Schöpfung belebt. Für diese Idee prägte er ja das genial einfache Bild des «Strahlenaton» mit den vielen Händen. Damit diese Hände des Gottes überall ungehindert zugreifen können, waren die Altäre im Tempelbezirk unter freiem Himmel aufgestellt, und der Prozessionsweg des Königs im Tempel duldete kein Dach über sich, so daß der ständige Kontakt mit der Gottheit und ihrem sichtbaren Bild, der Sonne, garantiert war. Also keine schattigen Säulenhallen und dunklen Innenräume, wie in den traditionellen Tempeln!

Das war in diesem Klima eine Neuerung, die an Echnatons Umgebung einige Zumutungen stellte. Über dem König und seiner Gemahlin wurde vielleicht ein Schattenwedel gehalten, aber diese Wohltat galt nicht für das Gefolge. In der diplomatischen Korrespondenz (Brief Nr. 16) ist uns die Beschwerde des Assyrerkönigs Assuruballit erhalten, daß seine Gesandten in der prallen Sonne warten mußten, bis Pharao ihnen Gehör schenkte – «man läßt sie in der Sonne sterben!». Das zeigt, wie extrem der neue Glaube an die Allmacht des Lichtes, die Echnaton verkündet, das Leben in dieser Stadt bestimmte.

Früher hat man den königlichen Eid der Grenzstelen so interpretieren wollen, daß Echnaton seine neue Residenz nie wieder verlassen wollte. Das geht aus dem Text nicht hervor, und Echnaton trifft sogar ausdrücklich Anweisungen für den Fall seiner Abwesenheit von der Stadt; aber der König hält sich jetzt sicher bevorzugt in Achetaton auf und arbeitet an der Weiterentwicklung seiner Lehre, deren Spätform wir im nächsten Kapitel besprechen werden. Auch die bildende Kunst entwickelt sich weiter: nachdem die Darstellungen auf den Grenzstelen noch ganz dem extremen Anfangsstil der Amarnakunst huldigen, setzt sich in der neuen Residenz bald ein gemilderter, reiferer Stil durch, wie ihn die Werke aus der Werkstatt des Thutmose und seiner Kollegen zeigen. Jetzt entstehen die Berliner Nofretete und die lebensnahen Gipsmasken, die wie echte Porträts wirken.

Die Memnons-Kolosse während der Nilüberschwemmung (1959) und in der Trockenzeit. Photos E. Hornung

Statue der Göttin Sachmet aus einem Tempel Amenophis' III. Genf, Musée d'art et d'histoire 20926 (als Depositum der Schweizerischen Eidgenossenschaft). Grauer Granit, Höhe 215 cm. Photo Y. Siza, © Musée d'art et d'histoire, Genf

Amenophis, Sohn des Hapu, als Schreiber. Kairo, Ägyptisches Museum J. 44861. Grauer Granit, Höhe 128 cm. Photo H. Hauser

Talatat-Blöcke Echnatons im Tempel von Karnak. Photo U. Schweitzer

Talatat-Blöcke Echnatons im Tempel von Karnak. Photo U. Schweitzer

Wagenszene, Brooklyn Museum 60.28. Kalkstein, 53,5 x 22,8 cm. Courtesy of The Brooklyn Museum, Brooklyn, New York

Amme mit Prinzessin, Brooklyn Museum 37.405. Kalkstein, 28,2 x 11,4 cm. Courtesy of The Brooklyn Museum, Brooklyn, New York

Echnaton als Sphinx, Genf, Musée d'art et d'histoire 27804. Kalkstein, 102 x 53 cm. Photo des Museums

Echnaton (Bildhauerlehrstück), Berlin 14512. Kalkstein, 15 x 13 cm. Photo M. Büsing, Ägyptisches Museum und Papyrussammlung SMB

Rekonstruierte Tempelwand Echnatons im Museum von Luxor. Photo E. Krüger

Das alte Deutsche Haus in Theben, 1926 von L. Borchardt im Stil eines Amarna-Wohnhauses erbaut. Photo E. Hornung

6

Die reine Lehre

Neue Heiligtümer für den Aton

In der neuen Residenz waren die Anhänger des Aton unter sich, fanden einen idealen Rahmen für ihre Bemühung und konnten sich ungestört dem Dienst an der neuen Lehre widmen, die jetzt ihre Vollendung erfuhr.

Durch die Lehre Echnatons, die so viele Neuerungen bringt, werden Tempel und Gräber nicht überflüssig. Die geistige Mitte der neuen Residenz Achetaton bilden die Heiligtümer des Aton, und auf seinen Grenzstelen trifft der König genaue Verfügungen über die Anlage von Gräbern im Ostgebirge. Aber Sinn und Struktur dieser Bauten unterscheiden sich grundlegend von dem, was bisher gültig war.

Bisher wurde jeder ägyptische Göttertempel als Schrein für das Kultbild eines Gottes verstanden. Da der Aton außer der leuchtenden Sonne kein anderes Kultbild besitzt, ist sein Schrein eigentlich die ganze Welt. Und da sein Kultbild nur für Gebet und Opfer erreichbar ist, entfällt der ganze Reichtum des täglichen Rituals, wie es bisher in jedem der zahllosen Tempel zelebriert wurde, all das Reinigen, Salben und Kleiden des Götterbildes. Dies bleibt nicht ohne Folgen für die Gestaltung der neuen Kultbauten.

Sogleich mit dem Beginn des neuen Kunststiles läßt sich in den Darstellungen ein neuer Typ von Bauwerk greifen: der Aton-Tempel. Wie alle ägyptischen Heiligtümer ist er durch hohe Mauern gegen die Außenwelt abgeschirmt (so jedenfalls der Befund in Amarna), aber er ist nach oben hin offen gegen das Sonnenlicht, das in den bisherigen Säulenhallen und Sanktuaren nur begrenzten Zutritt hatte. Selbst die Türstürze der Durchgänge sind jetzt durchbrochen, und die Säulenhallen erhalten einen offenen Mittelgang. Um die Schattenwirkung zu mindern, werden die Durchgänge mit erhöhten Schwellen versehen.

Der König steht also, wo immer er schreitet, im Kontakt mit seinem Gott. Wie in den Darstellungen gezeigt, findet jede Kulthandlung auch in Wirklichkeit unter dem Strahlenaton statt. Und weil überall Sonne ist, auch im Inneren der Bauten, verwendet man praktisch nur noch versenktes Relief, das bisher den Außenwänden vorbehalten war.

Zur Konsequenz des neuen Glaubens gehört ferner, daß es kein Allerheiligstes, kein Sanktuar für ein irdisches, aus kostbaren Materialien geformtes Kultbild des Gottes braucht. Sobald der Aton am Morgen aufgeht, füllt er den Tempel vollständig mit seiner Gegenwart, wie es der Text der älteren Grenzstelen hervorhebt: «Durch seine Strahlen füllt er ihn aus mit sich selbst ...». So hat der Tempel jetzt eigentlich keine Mitte, der Prozessionsweg des Königs endet an einem Hochaltar für den Sonnenkult.

Der Aton wirkt in seinem Tempel und in der Welt nicht durch Worte, die er zu Pharao spricht, sondern durch seine Strahlen. Überall im Heiligtum sind seine lebenerhaltenden und lebenspendenden Hände gegenwärtig. Und damit sie überall, wo sie hinlangen, auch Opfer greifen können, wird das Heiligtum jetzt mit Altären übersät, auf denen Opferspeisen für den Gott bereitliegen. Dazu gehören – man täusche sich nicht! – immer noch blutige Opfer, Rinder und Gänse, und der Atontempel hat seinen eigenen Schlachthof. All das aber ist zugedeckt von Blumen, die jetzt bevorzugte Opfergabe sind. Und immer noch wird das Opfer vom Gesang der Hymnen, von Musik und Weihrauch begleitet.

Sosehr der König betont, daß er von Maat lebt, muß er jetzt auf die Darstellung der Maat als Göttin und damit auf die so beliebte und symbolträchtige Szene vom «Darbringen der Maat» verzichten. Wohl als Ersatz dafür dient das Darreichen von Votivfiguren, die gern mit Federn geschmückt sind, womit der Bezug auf die Maat wieder hergestellt ist, kann doch ihr Name auch mit der Feder geschrieben werden. Die Figuren sind gern mit Namenskartuschen verbunden, und hier knüpft später die Ramessidenzeit an, wenn der König seinen mit dem Begriff Maat gebildeten Thronnamen einem Gott darbringt. Wie so oft, nimmt auch in diesen Szenen Nofretete aktiv am Kult teil – in keiner anderen Epoche wird die Königin so intensiv in den Götterkult einbezogen wie in Amarna. Sie gehört zur Triade, die das Königspaar zusammen mit dem Aton bildet, als Entsprechung zu den Triaden, die bisher in Theben (Amun-Mut-Chons) und Memphis (Ptah-Sachmet-Nefertem) an der Spitze des Pantheons standen.

Eine Heilige Familie

Die Familienszenen, in denen jetzt oft alle sechs Töchter erscheinen, dienen weiterhin als Ersatz und als Fortführung der einstigen Götterszenen, ersetzen also die bisherige mythologische Konstellation. Immer noch gibt sich die königliche Familie höchst intim und betont die Liebe, die zwischen ihren Angehörigen herrscht und, dem Aton wohlgefällig, auf die ganze Welt ausstrahlen soll. Die Töchter liebkosen einander oder werden von

Die Familie auf dem Schoß Echnatons. Fragment im Louvre, ergänzt von N. de G. Davies, in: The Metropolitan Museum of Art, The Egyptian Expedition 1922/23, S. 42, Fig. 4.

ihren Eltern zärtlich umsorgt. Sie sitzen auf dem Schoß ihrer Eltern, und selbst Nofretete erscheint einmal (auf einem Fragment im Louvre) auf dem Schoß Echnatons. In jeder anderen Epoche wäre es undenkbar, Pharao beim Essen und Trinken darzustellen, wie es in den Gräbern von Amarna geschieht.

Von seinem Grundriß und von der Idee her ist der neue Tempel immer noch ein Prozessionsweg mit betonter Mittelachse – aber nicht mehr Weg für den Gott, dessen Bild aus dem Tempel hinauszieht, sondern Weg für den König, der in den Tempel einzieht. Die Ausfahrt der Königsfamilie im Wagen ersetzt die Barkenprozession der Götter an den Festtagen.

Der Prozessionstempel ist unverändert durch Pylone, Höfe und Säulenhallen gegliedert. Darstellungen zeigen, daß die Fassade des großen Atontempels in Amarna mit zehn Flaggenmasten geschmückt ist und damit den Karnak-Tempel mit seinen acht Masten übertrumpft. Zahllose Statuen des Königspaares füllen die freien Räume zwischen den Säulen; doch scheint es, daß man keine Statuen von Beamten mehr im Tempel aufstellt, um dort täglich an Kult und Opfern teilzuhaben.

Eine Teilhabe am Kult ist den Beamten nicht möglich, ihr Platz ist außerhalb des Tempels. Eine ungewöhnliche Grabszene zeigt den Polizeichef Mahu, wie er nach der Belohnung durch Echnaton vor aufgehäuften Opfergaben kniet und von Aton Gesundheit für den König erbittet; als seltene Ausnahme wendet sich hier ein Beamter direkt an den Gott, aber die Szene spielt vor dem verschlossenen Pylon des großen Tempels, nicht im Inneren des Heiligtums. Im übrigen hat man in den Häusern von Echnatons Gefolgsleuten kleine Verehrungsstätten nachgewiesen, in denen eine Art «Hausaltar» die Königsfamilie unter dem Strahlenaton zeigt. Hier konnten sich die Beamten der Heiligen Dreiheit zuwenden und Echnaton als ihren persönlichen Gott verehren.

Namensänderung

Etwa vier Jahre nach dem König erhält auch sein Gott Aton eine neue Königstitulatur, welche die fortschreitende Ausgestaltung der Lehre spiegelt. Vorboten dazu sind neue Schreibungen des alten Namens in streng phonetischer Form, unter Vermeidung von Horus und Re. In der neuen Doppelkartusche sind die Götternamen Horus und Schu entfernt, allein Aton und Re sind geblieben. Das neue Glaubensbekenntnis (denn nichts anderes ist dieser «dogmatische» Name!) lautet: «Es lebt Re, der Herrscher der Horizonte, der im Horizonte jubelt in seinem Namen Re-Vater (?), der als Aton wiederkehrt». Auch sonst wird der Gott (und ebenso der König) jetzt gerne als «Herrscher» bezeichnet, eine zusätzliche Betonung der königlichen Herrschaft, die das Licht über die ganze Welt ausübt. In privaten Briefen aus der

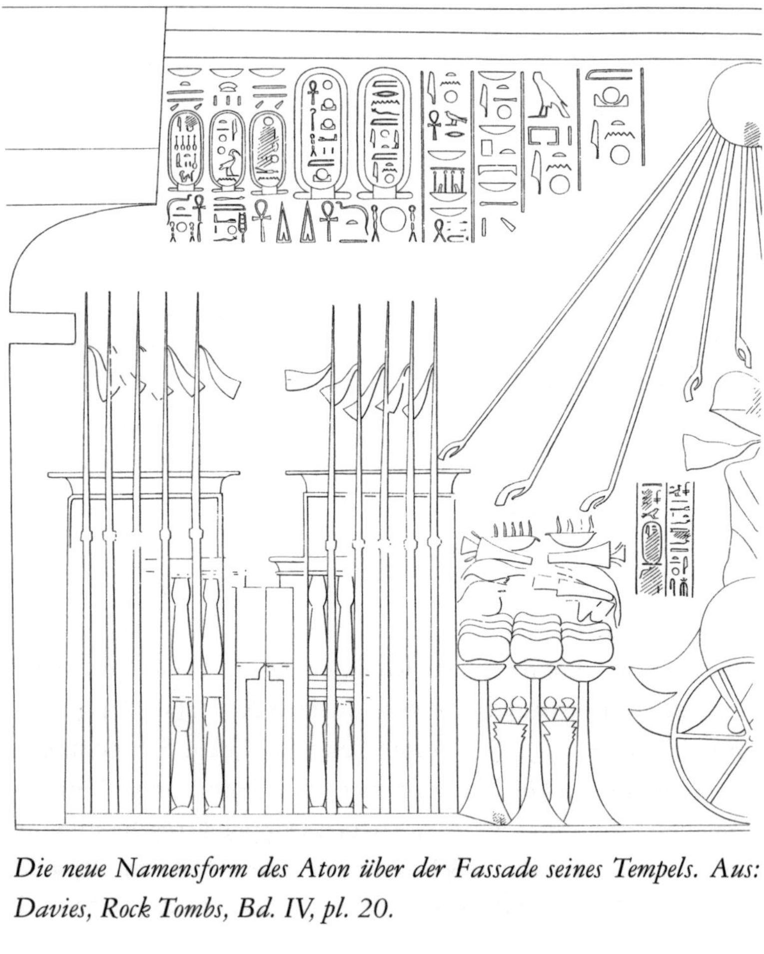

Die neue Namensform des Aton über der Fassade seines Tempels. Aus: Davies, Rock Tombs, Bd. IV, pl. 20.

neuen Hauptstadt, wie denen des «Ölkochers» Ramose an seine Geschwister, vermeidet man den ausführlichen Gottesnamen, schließt aber auch die Kurzform Aton in eine Kartusche ein.

In der Darstellung ändert sich nichts, auch weiterhin bleibt das einzig verbindliche Bild des Lichtgottes die Strahlensonne mit den Händen. Da sie im Himmel ist, erscheint das Gottesbild in allen Kultszenen *über* dem König, nicht *vor* ihm. Und wie die Anbringung der schützenden Uräus-Schlange in der Mitte der Scheibe andeutet (bisher erschien die Schlange an der Seite), ist das Gestirn und damit auch der Gott in Vorderansicht zu denken. Die Frontalansicht bedeutet in ägyptischer Sicht eine größtmögliche Wirkung, die man sich hier vom Lichtgott erhofft. Statuen dieses Gottes kann es nicht geben – «die Bildhauer kennen ihn nicht» heißt es im älteren Text der Grenzstelen, denn wie sollte man das Licht, das die Welt beherrscht, im Rundbild darstellen? Eine Statue im Museum von Brooklyn, die R. S. Bianchi 1990 veröffentlicht hat und mit Aton verbinden wollte (er plädiert allerdings für eine Anfertigung unter Amenophis III.), ist keine Ausnahme davon. Die Scheibe (ohne Uräus!) an Stelle des Kopfes, die sie trägt, hat im Flachbild Parallelen, die alle auf den Sonnengott weisen, so daß wir hier zweifellos ein Bild des «traditionellen» Sonnengottes vor uns haben. Im Neuen Reich wurde es möglich, einen Gegenstand an die Stelle des Götterkopfes zu setzen und damit die symbolischen Möglichkeiten der «Mischgestalt» noch weiter zu steigern.

Das Wesen dieses Gottes beschreibt vor allem der große «Sonnengesang» Echnatons, den man ihm ganz persönlich zuschreiben möchte. Aufgezeichnet wurde er im Felsgrab des Aja und hat dort die Zeiten überdauert, bis ein Teil von ihm etwa 1890 in einem Streit unter Einheimischen mutwillig zerstört wurde, in einer älteren Kopie von Urbain Bouriant jedoch erhalten blieb. So besitzen wir den vollständigen Text dieser Dichtung, in der die Ideen Echnatons ihren reinsten Ausdruck fanden.

Der Sonnengesang Echnatons

(Die erste Zeile gibt Titel und Namen von Aton, Echnaton und Nofretete. Der eigentliche Hymnus wird, auf Echnaton bezogen, mit *Er sagt* eingeleitet)

Schön erscheinst du
im Horizonte des Himmels,
du lebendige Sonne,
die das Leben bestimmt!
Du bist aufgegangen im Osthorizont
und hast jedes Land mit deiner Schönheit erfüllt.
Schön bist du, groß und strahlend,
hoch über allem Land.

Deine Strahlen umfassen die Länder
bis ans Ende von allem, was du geschaffen hast.
du bist Re, wenn du ihre Grenzen erreichst
und sie niederbeugst für deinen geliebten Sohn.
Fern bist du, doch deine Strahlen sind auf Erden;
du bist in ihrem Angesicht, doch unerforschlich ist dein Lauf.

Gehst du unter im Westhorizont,
so ist die Welt in Finsternis,
in der Verfassung des Todes.
Die Schläfer sind in der Kammer,
verhüllten Hauptes, kein Auge sieht das andere.

Raubt man alle ihre Habe, die unter ihren Köpfen ist –
sie merken es nicht.
Jedes Raubtier ist aus seiner Höhle gekommen,
und alle Schlangen beißen.
Die Finsternis ist ein Grab,
die Erde liegt erstarrt,
ist doch ihr Schöpfer untergegangen in seinem Horizont.

Am Morgen aber bist du aufgegangen im Horizont
und leuchtest als Sonne am Tage;
du vertreibst die Finsternis und schenkst deine Strahlen.
Die Beiden Länder sind täglich im Fest,
die Menschen sind erwacht
und stehen auf den Füßen, du hast sie aufgerichtet.
Rein ist ihr Leib, sie haben Kleider angelegt,
und ihre Arme sind in Anbetung bei deinem Erscheinen,
das ganze Land tut seine Arbeit.

Alles Vieh ist zufrieden mit seinem Kraut,
Bäume und Kräuter grünen.
Die Vögel sind aus ihren Nestern aufgeflogen,
ihre Schwingen preisen deinen Ka.
Alles Wild hüpft auf den Füßen,
alles, was fliegt und flattert, lebt,
wenn du für sie aufgegangen bist.
Die Lastschiffe fahren stromab
und wieder stromauf,
jeder Weg ist offen durch dein Erscheinen.
Die Fische im Strom springen vor deinem Angesicht,
deine Strahlen sind im Innern des Meeres.

Der du den Samen sich entwickeln läßt in den Frauen,
der du «Wasser» zu Menschen machst,
der du den Sohn am Leben erhältst im Leib seiner Mutter
und ihn beruhigst, so daß seine Tränen versiegen –
du Amme im Mutterleib! –
der du Atem spendest,
um alle Geschöpfe am Leben zu erhalten.
Kommt (das Kind) aus dem Mutterleib heraus,
um zu atmen am Tag seiner Geburt,
dann öffnest du seinen Mund vollkommen
und sorgst für seine Bedürfnisse.

Das Küken im Ei,
das schon in der Schale redet –
du gibst ihm Luft darinnen, um es zu beleben.
Du hast ihm seine Frist gesetzt,
(die Schale) zu zerbrechen im Ei;
es geht hervor aus dem Ei,
um zu sprechen zu seiner Frist,
es läuft schon auf den Füßen, wenn es herauskommt aus ihm.

Wie zahlreich sind deine Werke,
die dem Angesicht verborgen sind,
du einziger Gott, dessengleichen nicht ist!
Du hast die Erde geschaffen nach deinem Wunsch, ganz allein,
mit Menschen, Vieh und allem Getier,
mit allem, was auf der Erde ist,
was auf den Füßen umherläuft
und allem, was in der Höhe ist und mit seinen Flügeln fliegt.

Die Fremdländer von Syrien und Nubien,
dazu das Land Ägypten –
jeden stellst du an seinen Platz und sorgst für seine Bedürfnisse,
ein jeder hat seine Nahrung, seine Lebenszeit ist bestimmt.
Die Zungen sind verschieden im Reden,
ebenso ihre Wesenszüge;
ihre Hautfarbe ist verschieden, denn du unterscheidest die Völker.

Du schaffst den Nil in der Unterwelt
und bringst ihn herauf nach deinem Willen,
die Menschen am Leben zu erhalten, da du sie geschaffen hast.
Du bist ihrer aller Herr, der sich abmüht an ihnen,
du Herr aller Lande, der für sie aufgeht,
du Sonne des Tages, gewaltig an Hoheit!
Selbst alle fernen Fremdländer erhältst du am Leben,
hast du doch einen Nil an den Himmel gesetzt,
daß er zu ihnen herabkomme
und Wellen schlage auf den Bergen, wie das Meer,
um ihre Felder zu befeuchten mit dem, was sie brauchen.
Wie wirksam sind deine Pläne, du Herr der Ewigkeit!
Den Nil am Himmel, den gibst du den Fremdvölkern
und allem Wild der Wüste, das auf Füßen läuft;
aber der wahre Nil kommt aus der Unterwelt nach Ägypten.

Deine Strahlen säugen alle Felder –
wenn du aufgehst, leben sie und wachsen für dich.
Du schaffst die Jahreszeiten, um alle deine Geschöpfe sich entwickeln
zu lassen –
den Winter, um sie zu kühlen,
die Sommerglut, damit sie dich spüren.

Du hast den Himmel fern gemacht, um an ihm aufzugehen
und alles zu schauen, was du geschaffen hast.

Einzig bist du, wenn du aufgegangen bist,
in all deinen Erscheinungsformen als lebendiger Aton,
der erscheint und erglänzt,
sich entfernt und sich nähert;
du schaffst Millionen von Gestalten aus dir allein –
Städte, Dörfer und Äcker,
Wege und Strom.
Alle Augen sehen sich dir gegenüber,
wenn du als Sonne des Tages über dem Land bist.

Wenn du gegangen bist, dein Auge nicht mehr da ist,
das du um ihretwillen geschaffen hast,
damit du nicht dich selber siehst als einziges, was du geschaffen hast –
auch dann bleibst du in meinem Herzen,
und kein anderer ist, der dich kennt,
außer deinem Sohne Nefercheprure Uanre,
den du dein Wesen und deine Macht erkennen läßt.

Die Welt entsteht auf deinen Wink, wie du sie geschaffen hast.
Bist du aufgegangen, so leben sie,
gehst du unter, so sterben sie;
du bist die Lebenszeit selbst, man lebt durch dich.
Die Augen ruhen auf Schönheit, bis du untergehst,
alle Arbeit wird niedergelegt, wenn du untergehst im Westen.
Der Aufgehende stärkt alle Arme für den König,
und Eile ist in jedem Fuß.

Seit du die Welt gegründet hast, erhebst du sie
für deinen Sohn, der aus deinem Leib hervorgegangen ist,
den König Beider Ägypten, Nefercheprure Uanre,
den Sohn des Re, der von Maat lebt,
den Herrn der Diademe, Echnaton, groß in seiner Lebenszeit,
und die Große Königsgemahlin, die er liebt,
die Herrin Beider Länder, Nofretete,
die lebendig und verjüngt ist
für immer und ewig.

Hieroglyphischer Text: N. de G. Davies, Rock Tombs VI (1908), Taf. 27 (Zeichnung) und 41 (Photographie).

Im Vergleich mit traditionellen Sonnenhymnen fällt auf, daß die Fülle von mythischen Bildern, die jene prägt, im «Sonnengesang» durch reine Natur-Anschauung ersetzt ist. Der Hymnus von Suti und Hor unter Amenophis III. hatte da schon einiges vorweggenommen, aber jetzt interessiert selbst die urzeitliche Schöpfung der Welt nicht mehr – Aton, «der sich selbst baute mit eigenen Händen», erschafft die Welt kontinuierlich durch sein Licht, das reine Gegenwart ist und keiner mythischen Vergangenheit, keiner fernen Urzeit mehr bedarf. Im Gegensatz zu bisherigen Hymnen fehlt auch jeglicher Vergleich, denn dieser Gott kann mit nichts und niemandem verglichen werden.

Wünscht man Pharao außerhalb der Amarnazeit die Lebenszeit des Re, die Jahre des Atum oder die Jubiläen des Tatenen, so jetzt Jubiläen wie «Sand der Ufer, wie Schuppen der Fische und Haare des Viehs» (Aja ergänzt in seinem Grab noch «Federn der Vögel und Blätter der Bäume»), und der König soll «hier» (in der neuen

Residenz Achetaton) bleiben, «bis der Schwan schwarz und der Rabe weiß wird, bis die Berge aufstehen und fortgehen und bis das Wasser stromauf fließt». Selbst in den Grenzbezeichnungen für die Herrschaft des Königs schaltet man unerwünschte Assoziationen aus. Früher reichte seine Nordgrenze «bis zur Finsternis», jetzt aber «soweit die Sonne (Aton) leuchtet», denn «Finsternis» läßt zu sehr an ältere mythologische Vorstellungen denken.

Die universale Gottheit: das Licht

Wie es der «Sonnengesang» schildert, gilt die Fürsorge des Aton auch den fernen Ländern außerhalb Ägyptens – «ein jeder hat seine Nahrung, seine Lebenszeit ist bestimmt». Das liegt in der Zeit, denn wir haben im Pfortenbuch, das vielleicht unter Amenophis III. entstanden und unter Haremhab erstmals bezeugt ist, die berühmte Darstellung der vier Menschenrassen im Jenseits, und auch dort wird allen ihre Lebenszeit und ihre Versorgung zugewiesen. Ramses II. wird später daran anknüpfen, wenn er nach dem Friedensschluß mit den Hethitern von einer Verbrüderung der beiden bisher verfeindeten Großmächte spricht; auf seiner «Hochzeitsstele» heißt es von ihnen: «sie aßen und sie tranken zusammen und waren *eines* Sinnes, wie Geschwister, ... Friede herrschte zwischen ihnen». Echnatons Aton, der über *allen* Menschen leuchtet, eignete sich ganz besonders als universelle Gottheit, die alle Länder verehren können.

Die Allgegenwart und die Wirkung des Lichtes inspiriert noch den modernen Menschen zum Gottesglauben. Goethe vertraute Eckermann im letzten Gespräch vom 11. März 1832 seine Bereitschaft an, «die Sonne zu verehren ... denn sie ist gleichfalls eine Offenbarung des Höchsten, und zwar die mächtigste, die uns

Erdenkindern wahrzunehmen vergönnt ist. Ich anbete in ihr das *Licht* und die zeugende Kraft Gottes, wodurch allein wir leben, weben und sind und alle Pflanzen und Tiere mit uns». Und C. G. Jung sagt in seinen «Erinnerungen» (S. 272 f.), nachdem er den Jubel der afrikanischen Paviane beim Sonnenaufgang geschildert hat: «Der Augenblick, in dem es *Licht* wird, das ist Gott. Der Augenblick bringt die Erlösung. Es ist ein Urerlebnis des Momentes, und es ist bereits verloren und vergessen, wenn man meint, die Sonne sei Gott ...».

Plante Echnaton eine Weltreligion, wie es Breasted meinte? Wohl ergibt sich aus dem Großen Hymnus ein universales Bild der Gottheit, und in den Anfängen seiner Regierung hat der König auf jeden Fall in Nubien, vielleicht auch in Syrien ein Heiligtum mit dem Namen *Gempaaton* «Der Aton ist gefunden» errichten lassen. So wollte er am Anfang tatsächlich der ganzen von Ägypten abhängigen Welt die frohe Botschaft verkünden, daß der Aton «gefunden» ist; Jan Assmann hat gezeigt, daß dieses «Finden» in Amarna die Offenbarung der Gottheit vertritt. Alexandre Moret sah in Aton einen Gott der gesamten Menschheit, der dem ägyptischen Weltreich des Neuen Reiches entspricht. Aber die späteren Quellen weisen keineswegs in diese Richtung.

Mit der Errichtung von Achetaton, das ebenso sein *Gempaaton*-Heiligtum erhält und einen «Horizont» für den Gott bildet, wird der Geltungsbereich der neuen Religion äußerst beschränkt und praktisch durch die Grenzstelen der neuen Residenz eingegrenzt. Außerhalb dieses heiligen, dem Aton geweihten Bezirkes scheint der König nur wenige Bauten errichtet zu haben, so in Memphis und Heliopolis. Es ist nicht einmal gesagt, daß er die Absicht hatte, ganz Ägypten zum Glauben an Aton zu bekehren, noch weniger eine Mission über die Grenzen Ägyptens hinaus. In den Dokumenten des diplomatischen Archivs ist der Aton-Glaube eine Angelegenheit Ägyptens. Und auch dort sehen wir keine Anzeichen dafür, daß die bestehenden Göttertempel in Aton-Heiligtümer umgewandelt werden, die Verehrung des Gottes hatte ihren eindeutigen Schwerpunkt in der neuen Hauptstadt. Nur 25 km entfernt, in Neferusi, werden zur selben Zeit Chnum, Thot und Osiris weiter verehrt! Sicher wäre es interessant und lehrreich, zu wissen, was sich in den späteren Jahren Echnatons z. B. in den Heiligtümern von Elephantine abgespielt hat, ob dort ein Kult und für wen zelebriert wurde; aber unsere Quellen erlauben keine Antwort auf solche Fragen. Die Unterdrückung der alten Kulte darf man sich in der fernen Provinz nicht allzu konsequent vorstellen, Theben bildete sicher einen Sonderfall.

7

Die Frage des Monotheismus

Verfolgung der alten Götter

Gleichzeitig mit der Namensänderung des Gottes, oder wenig später, erfolgt der letzte und radikalste Schritt, den Echnaton in der Ausgestaltung seiner Lehre tut. Nun soll es neben dem Aton keine anderen Götter mehr geben, ihre physische Existenz soll durch Tilgung des Namens und zum Teil auch der Darstellung ausgelöscht werden. Die Verfolgung, die jetzt einsetzt, trifft in erster Linie den Amun und seine Gemahlin Mut, aber sporadisch auch eine Vielzahl von anderen Gottheiten, bis hin zu der Schreibung des Plurals «Götter». Es scheint, daß Thot, der Gott des Mondes, der Weisheit und der Schreibkunst, nicht betroffen ist, und auch sonst bleibt die Verfolgung wenig konsequent. Doch hat man sich bemüht, den Namen des Amun sogar in Briefen des Keilschrift-Archivs, auf Gedenkskarabäen und auf der Spitze von Obelisken und Pyramiden zu tilgen, und auch das ferne nubische Gebiet wurde mit einbezogen, bis hin zum Gebel Barkal am Vierten Nilkatarakt; in einigen Fällen hat Echnaton sogar seinen eigenen Geburtsnamen Amenophis verstümmeln lassen, um den verhaßten Gott zu treffen. Mit dieser Erbitterung wollte er sicherlich nicht nur den bisherigen überragenden Reichsgott treffen, sondern die «Zuflucht des Armen», zu der Amun immer mehr wurde – in der Ramessidenzeit steht er ja dann im Zentrum der Persönlichen Frömmigkeit, also an dem Platz, den Echnaton für sich in Anspruch nimmt.

Die Verfolgung traf nebenbei die tiergestaltigen Symbole der Gottheiten, wie den Geier der Mut und die Gans des Amun. Nur Falke und Uräus-Schlange bleiben anerkannt, während wir etwa vom Mneris-Stier des Sonnengottes, für den Echnaton noch im Text der Grenzstelen Sorge trägt, später nichts mehr hören. Bezeichnend ist, daß alle Darstellungen von Echnaton als Sphinx mit der älteren Namensform des Aton verbunden sind, danach hat man auch diese Tiergestalt des Königs aufgegeben.

Einen Bildersturm in diesem Ausmaß hatte Ägypten noch nicht erlebt, obwohl die Tilgung von Namen schon öfter ein Mittel der Politik gewesen war, ist doch der Name ein untrennbarer Bestandteil der Persönlichkeit, die man in ihm und durch ihn treffen kann. Auslöschung des Namens bedeutet, eine Person dem Nichtsein zu überantworten. Und da auch die Bilder in Ägypten Wirklichkeit verkörpern, werden sie von jeder Verfemung mitbetroffen.

Ägypten als «Wiege des Monotheismus»?

Der Schlag gegen die vielen Götter des bisherigen Pantheons ist ein deutliches Zeichen, daß es Echnaton jetzt kompromißlos um die Verwirklichung eines mehr oder weniger strengen Monotheismus ging. Das Schlagwort von Ägypten als der «Wiege des Monotheismus» hat insofern seine Berechtigung. Umstritten war aber immer wieder die Frage, ob es bereits vor Echnaton einen ägyptischen Monotheismus gegeben hat. Wir müssen zur Klärung dieser Frage ein wenig ausholen. Dabei ist es sinnvoll, statt vom problematischen Begriff «Monotheismus» besser vom «Denken des Einen» (so Jan Assmann, W. Beierwaltes folgend) zu sprechen und nach der Rolle des Einen in der ägyptischen Religionsgeschichte zu fragen.

Am Beginn der Neuzeit stand der naive Glaube, daß Gott sich Adam und damit dem ersten Menschen als der *Eine* offenbart habe, wonach am Anfang der Monotheismus stehe und erst später, durch einen «Abfall» von Gott, der Polytheismus auftrete. In den Anfängen der Ägyptologie war man allgemein der Meinung, daß auch in Ägypten am idealisierten Beginn der Geschichte die Verehrung eines einzigen Gottes gestanden habe, wohltuendes Gegengewicht zu den «Hundsköpfen» des vermeintlich abstrusen Polytheismus als einer späteren Entartung. Damit konnten im Sinne der Aufklärung auch die alten Ägypter schon als «vernünftig» gelten.

Aber spätestens seit der Entdeckung und Auswertung der Pyramidentexte (seit 1881) wurde es klar, daß sich schon in den frühesten religiösen Texten die Namens- und Gestaltenfülle des Polytheismus entfaltet und nirgends ein Gott faßbar wird, den man als den Einen über den Vielen ansprechen und verehren könnte. So vertrat der Entdecker dieser Texte, Gaston Maspero, als erster einen ursprünglichen Polytheismus in Ägypten. Irritierend war allerdings auch weiterhin die Verwendung des absoluten Singulars «Gott» in Personennamen, in allgemeinen Sentenzen und in den Lebenslehren. Aussagen wie «Gott straft, Gott liebt, Gott gibt ...» klangen so, als hätte man zumindest hier einem Monotheismus «für die Eingeweihten» gehuldigt, während das Volk sich vordergründig an die verwirrende Vielfalt der Gottesgestalten hielt. Man übersah dabei, daß die gleichen Quellen ähnlich unbestimmt auch von «Göttin» sprechen und daneben durchaus auch konkrete Gottesnamen verwenden. Es handelt sich daher auch hier nicht um Monotheismus, sondern um allgemein verbindliche Aussagen, die sich aus verschiedenen Gründen nicht auf einen bestimmten Gott festlegen möchten.

Trotzdem kam der Urmonotheismus noch einmal zu Ehren, vor allem durch das monumentale Werk *Der Ursprung der Gottesidee* von Pater Wilhelm Schmidt, das 1926 bis 1949 in zwölf Bänden erschien, ergänzt durch Aufsätze in der Zeitschrift *Anthropos*. In der Ägyptologie griff Hermann Junker die Ideen von Schmidt auf und suchte im Alten Reich einen anonymen Hochgott (der «Große») nachzuweisen. Er fand jedoch wenig Zustimmung, und erst durch Étienne Drioton, der 1948 in *Le monothéisme de l'ancienne Égypte* einen Monotheismus schon lange vor den Reformen Echnatons zu erweisen suchte, wurde die Hypothese wieder allgemein populär. Wenn Joachim Spiegel in seinem *Werden der altägyptischen Hochkultur* 1953 schreiben kann: «So ist reiner Monotheismus die beherrschende Form aller ägyptischen Religiosität seit dem Beginn der historischen Zeit Ägyptens» (S. 86), so greift er damit Formulierungen auf, die vor 1880 verbreitet waren und jetzt erneut die Darstellungen des ägyptischen Götterglaubens bestimmten, bis 1971 mein Buch *Der Eine und die Vielen* erschien, das die Frage auf einer breiteren Basis untersuchte. Seither ist die Hypothese eines ursprünglichen Monotheismus nicht mehr erneuert worden und gehört wohl definitiv der Wissenschaftsgeschichte an, mit ihr auch die Idee eines «Monotheismus für Eingeweihte», eines *dieu des sages*.

Die Diskussion des ägyptischen Gottesglaubens geht jedoch weiter, und wir gewinnen mit dem Stichwort vom «Denken des Einen» neue Zugänge. Mit dem Einen hat sich ägyptisches Denken vor allem im Nachvollzug der Schöpfung beschäftigt, und hier könnte man mit einer gewissen Berechtigung von «Urmonotheismus» sprechen. Denn Göttliches muß am Anfang Eines gewesen sein und hat sich erst im Vorgang der Schöpfung differenziert – «der Eine, der zu Millionen wurde», so faßt es eine nach Echnaton beliebte Formel. Die alten Ägypter hat es immer neu fasziniert, sich dieses Werden der Vielheit aus der Einheit des Anfangs vorzustellen, und sie umschreiben den letztlich unfaßlichen Vorgang gern mit paradoxen Aussagen über den Einen des Anfangs.

Eine Blütenlese solcher Paradoxa findet sich schon in den Sargtexten des Mittleren Reiches. Dort hat der Gott Chepri selber seine Eltern hervorgebracht («ich habe meinen Vater geboren und meine Mutter in Schwangerschaft getragen»: VII 158), und Horus ist geboren, «als Isis (seine Mutter!) noch nicht entstanden war» (IV 76); ähnlich kann Orion vom Verstorbenen in seiner Götterrolle sagen: «er ist mein Sohn, älter als ich» (VI 319). In den Sonnenhymnen des Neuen Reiches überträgt man solche Aussagen auf Re, Amun oder Ptah; als Schöpfer ist er «der Eine, der seinen Erzeuger erzeugte, der seine Mutter hervorbrachte» oder «der gebiert, ohne daß er geboren wurde». Auf dieser Linie liegt noch Echnatons Anrede an den Aton: «du bist es, der geschaffen hat, was nicht ist» (Sandman, *Texts* 46,15).

Die paradoxe Anfangskonstellation wird überwunden, indem der zunächst Einzige etwas von seiner Substanz absondert – als Speichel, Schweiß, Tränen, Samen oder auch als Wort, das aus seinem Munde hervorgeht. Durch diese erste Emanation entsteht das erste Götterpaar und damit die Vielheit. Schon in den Sargtexten (II 39) wird dieser Vorgang mit der «trinitarischen» Formel umschrieben: «als er Einer war und als er zu Dreien wurde». Die

Vielheit und Fülle der aktuellen Göttergestalten geht somit auf eine anfängliche Einheit zurück.

Der ramessidische Weltgott

Nach Echnaton und deutlich unter dem Eindruck seines monotheistischen Versuches kommt es dann zu einem weiteren «Denken des Einen», für das vor allem Hymnen der Ramessidenzeit Zeugnis ablegen. Hier wird der gesamte Kosmos zur Erscheinung und Offenbarung des Einen; dieser ist jetzt ein Weltgott, der Sonne und Mond, Himmel und Unterwelt, Wasser und Luft ist, der Raum und Zeit in Händen hält und dazu noch zum Nothelfer des einzelnen Menschen wird. So ist dieser Gott noch umfassender als Echnatons Aton, und doch läßt er allen anderen Göttern Raum, mag er sie auch alle überragen und sein Wesen selbst ihnen gegenüber verbergen:

Er ist ferner als der Himmel,
er ist tiefer als die Unterwelt.
Kein Gott kennt seine wahre Gestalt,
sein Bild wird nicht entfaltet in den Schriften,
man lehrt nichts Sicheres über ihn,

formuliert der Leidener Amunshymnus. Hinter der sichtbaren Vielgestalt der Welt, auch der Götterwelt, sehen oder ahnen die ramessidischen Theologen die Verborgenheit des Einen. Ist das Pantheismus, ist es «Verborgenheits-Monotheismus», wie ihn Jan Assmann von Echnatons «Offenbarungs-Monotheismus» unterscheiden will? Eher, und ägyptischem Gottesdenken angemessener, lebt hier die Paradoxie des Anfangs weiter. Dieser Weltgott ist immer noch der Eine, der er vor der Schöpfung war, aber durch sein Werk hat er sich in die «Millionen» verwandelt, in denen er jetzt sichtbar vor Augen steht. Deshalb kann dieser Eine – und das unterscheidet ihn von Echnatons Gott wie von jeglichem Monotheismus – auch in der Vielheit der aktuellen Göttergestalten verehrt werden. Sie alle sind sein Leib, von ihm nicht zu trennen, und haben Anteil an seinem Wesen. Bildlich gestaltet die Spätzeit diese Idee, indem sie den Weltgott als eine Kompositgestalt zeigt, zusammengesetzt aus den Bildern ganz verschiedener Götterwesen und doch zur Einheit gefügt – «der Neungestaltige» heißt er in einem Zaubertext.

Die monotheistische «Weltformel»

Echnaton hat durch denkende Bemühung oder Intuition den Aton «gefunden», wie er es formuliert – das heißt, er entdeckte die Abhängigkeit der Welt vom Licht und glaubte darin das zentrale Prinzip zu fassen, aus dem alles ableitbar ist, die «Weltformel», die alles in sich schließt. Mit dem Licht allerdings legte er sich auf das Sichtbare fest und war gezwungen, alles abzuleugnen, was nicht der sichtbaren Welt angehört: die Finsternis, das Jenseits, die Götter und unter ihnen vor allem Amun, den «Verborgenen»!

In den Anfangsjahren Echnatons heißt es vom Sonnengott: «Es gibt keinen anderen seinesgleichen (*mi qedef*)», in den Gräbern der neuen Residenz aber: «Es gibt keinen anderen außer ihm (*upu heref*)». Darin liegt der entscheidende Schritt zum Monotheismus und seiner Ausschließlichkeit. Entsprechend ist der König jetzt «einzig wie Aton, ohne einen anderen Großen außer ihm» (Grab des Aja), und im Sonnengesang verkündet er: «es gibt keinen anderen, der dich kennt» – biblisch gesprochen: «Du sollst keine anderen Götter neben mir haben» und zugleich: «niemand kommt zum Vater denn durch mich»!

Es wurde immer wieder darum gestritten, ob wir es hier mit einem «echten» und konsequenten Monotheismus zu tun haben, denn auch der Aton bildet mit dem Königspaar zusammen eine Dreiheit, welche die strenge Einheit des Gottes relativiert. Wie so viele Begriffe, ist auch der des Monotheismus nicht in letzter Strenge zu definieren oder in der Realität zu verwirklichen. Aber diese Religion des Lichtes ist in ihrer unerbittlichen Konsequenz die einfachste und klarste Religion, die jemals geformt wurde!

Der monotheistische Wesenszug des Aton zeigt sich auf drei Ebenen. Die eine sind Formulierungen wie «kein anderer außer ihm», die den Anspruch der Ausschließlichkeit erheben; dazu gehört, daß der Aton weder eine weibliche Partnerin noch einen Widersacher hat, also auch darin nichts außer ihm existiert. Echnaton denkt hier viel radikaler als Deuterojesaja («Außer mir ist kein Gott»: Jes. 44,6) oder der Islam; an Konsequenz wird er nur noch durch Tendenzen der islamischen Mystik übertroffen, welche sogar die eigene Existenz als unvereinbar mit der Existenz Gottes empfinden, weil es nichts außer Gott geben darf.

Die zweite, handfestere Ebene bildet die Verfolgung der alten Gottheiten, die deutlich signalisiert, daß es neben dem Aton keine anderen Götter mehr geben soll. Erst das Christentum hat den Versuch erneuert, die Götter zugunsten des Einen zu vernichten! Und als dritte Ebene tritt die des Kultes hinzu, der seit dem Anfang der Regierung auf allen offiziellen Denkmälern einzig und allein dem Aton (auch als Re oder Re-Harachte) gilt.

8

Ein Jenseitsglaube ohne Jenseits

Osiris im Schatten des neuen Lichtes

Während der später so verfemte Reichsgott Amun auf frühen Denkmälern Echnatons noch erscheint, fällt die von Anfang an geübte Abstinenz gegenüber Osiris, dem Herrscher der Toten und der jenseitigen Unterwelt, auf. Sie weist auf einen tiefgreifenden Wandel im Jenseitsglauben hin, der für Osiris keinen Raum mehr bietet. So verschwindet in Amarna auch der Titel «Osiris», den bisher jeder Verstorbene trug und danach wieder tragen wird. Ein Denken, welches das Licht als absoluten Bezugspunkt setzt, hat mit der dunklen Seite der Welt große Mühe. Die Nacht negiert den Aton und bedeutet Tod – «sie schlafen, als wären sie tot» formuliert der Große Hymnus und, noch prägnanter: «Wenn du aufgehst, so leben sie, wenn du untergehst, so sterben sie»!

Damit ist die totale Abhängigkeit alles Seienden vom Licht, welches der Aton ist, endgültig festgeschrieben. Bisher war auch die Nacht von Leben erfüllt, der traditionelle Sonnenglaube malte die nächtliche Fahrt des Gestirns durch die Unterwelt liebevoll bis ins Detail aus. Jetzt bedeutet die dunkle Phase nicht mehr Regeneration des Lichtes in der Finsternis, sondern bloße Abwesenheit des Lichtes. Wo es solange weilt, wird nirgends gesagt, der Aton ist ganz einfach «fortgegangen», weilt aber allgemein «im Himmel»; entscheidend ist der Moment seiner Wiederkehr, den die ganze Schöpfung jubelnd begrüßt und der sein nächtliches «Fortgehen» beendet.

Die Auferweckung der Toten zu neuem Leben vollzieht sich nicht mehr nachts in der Unterwelt, sondern am Morgen, im Licht der aufgehenden Sonne und zugleich mit den noch Lebenden. Alle orientieren sich jetzt nach Osten, und im Ostgebirge von Achetaton liegen ja auch die Grabanlagen – Echnaton gibt im Text der älteren Grenzstelen die Anweisung, sein Grab dort anzulegen, «wo die Sonne aufgeht»; der «Westen», das bisherige Totenreich, auf dessen «schönen Wegen» die seligen Toten wandeln, ist aus dem Weltbild herausgefallen. Sofern überhaupt noch Hymnen an die untergehende Sonne gedichtet werden (der Haremsvorsteher Merirê gibt ein Beispiel in seinem Grab), ist nicht von ihrem Aufenthalt in der Unterwelt, sondern allein von Achetaton die Rede.

Das Jenseits wird diesseitig

Wie die Mumiengestalt, sind jetzt auch die Gräber nur noch eine Hülle für den Körper. Die Toten leben nicht in ihren Gräbern, sondern auf Erden. Von der *Dat*, dem traditionellen Totenreich, ist nur noch ganz selten die Rede; so wünscht sich Suti, am Morgen aus der Dat herauszugehen, um den Aton zu schauen, wenn er täglich aufgeht, «ohne Unterlaß». Im Grunde gibt es kein Jenseits mehr und vor allem kein unterirdisches Totenreich. Die Welt der Toten ist nicht verschieden von der Welt der Lebenden, über beiden leuchtet der Aton des Tages.

Die Grenze zwischen Diesseits und Jenseits wird zusätzlich durch die Türumrahmungen der Wohnhäuser verwischt. Bei

Grabbauten war es schon seit dem Alten Reich üblich, Titel und Name des Besitzers am Eingang anzubringen, so daß er für alle Vorbeigehenden sichtbar war. Solche «Visitenkarten» aus Stein kennzeichnen jetzt auch den Eingang zu den Wohnbezirken, überführen das Jenseits in die diesseitige Welt von Achetaton.

Geht der Aton am Morgen auf, dann erfüllt er den Tempel mit seinem Licht und seiner Anwesenheit, empfängt die Opfer des Königspaares und sorgt für den Bedarf der Lebenden wie der Toten. Denn auch die Ba-Seelen der Toten kommen dann herbei, um ihre Opferspeisen in Empfang zu nehmen, die sie wie bisher benötigen. Huja und andere Beamte schildern in ihren Grabinschriften, wie ihr Ba zum Mahle im Tempel gerufen wird und dort Brot, Bier, Gebratenes, kühles Wasser, Wein und Milch empfängt, dazu vom Aton auch noch mit der nötigen Atemluft versorgt wird. Diese neue Rolle der Ba-Seele, die ungehindert den Tempel betreten, dort alle Gaben in Empfang nehmen kann und «nicht abgesperrt wird von dem, was sie wünscht», ist spezifisch für die Amarnazeit, wirkt aber noch weiter. Eine Folge ist, daß in der beliebten Szene mit der Baumgöttin in Zukunft neben dem Verstorbenen auch sein Ba (in Vogelgestalt) gespeist und getränkt wird, eine reizvolle Erweiterung des Motivs. In den Gräbern kann jetzt auf eine Scheintür, bisher die eigentliche Kultstelle, verzichtet werden – für den frei beweglichen Ba ist sie sinnlos, und auch der Körper braucht sie nicht länger, da er nicht mehr zwischen Diesseits und Jenseits wechselt. Überhaupt ist die rein körperliche Fortexistenz oder Regeneration in Amarna unwesentlich geworden, entscheidend ist das Dasein als «Lebendiger Ba». Doch gibt es immer noch den Wunsch, daß sich der Ba aufs neue mit dem Körper vereint, da nur so die Ganzheit der Person hergestellt wird.

Tutu weist in seinem Grab auf die Analogie zwischen Lebenden und Toten ausdrücklich hin: «Du stehst morgens auf in deinem Grab, um den Aton zu schauen, wenn er aufgeht. Du reinigst dich und legst ein Gewand an, wie du es getan hast, als du auf Erden warst ... Du erhebst dich und vergißt die Mattigkeit»; danach begleitet er, von den Strahlen des Aton neu belebt, den Gott «wie seine Begnadeten in der Halle des Benbenhauses (Tempel)». Hauptwunsch des Menschen ist, den Aton zu schauen und ihm zu folgen, dazu den «Süßen Hauch des Nordwindes (oder: des Lebens)» zu atmen, und der entscheidende Moment seiner Existenz ist das morgendliche Aufwachen, das neues Leben bedeutet.

Auf dem Türsturz des Hatiai im Louvre, der wohl aus den Anfangsjahren Echnatons stammt, als die alten Gottheiten noch verehrt werden, betet der Verstorbene vor Osiris, Isis, Sokar und Hathor und wünscht sich, daß er als lebendiger Ba herausgehen möge (aus dem Grab oder der Unterwelt), «um den Aton auf Erden zu schauen». Osiris wird dort in einem längeren Gebet als Sonne angerufen, sein Wesen geht völlig in dem des Sonnengottes Re auf, denn «seine Scheibe ist deine Scheibe, sein Bild ist dein Bild, seine Hoheit (*schefit*) ist deine Hoheit». Das wäre eine Lösung, die Ansätze in der Sonnenlitanei weiterführt und auf den Särgen der 21. Dynastie in einer völligen Verschmelzung der beiden Götter endet.

In der Sonnenlitanei, ägyptisch «Buch der Anbetung des Re im Westen», zu Beginn des Neuen Reiches entstanden, werden 75 Anrufungen des Sonnengottes in seinem nächtlich-unterweltlichen Aspekt mit Figuren illustriert, welche die angerufenen Beinamen und Funktionen nochmals im Bilde andeuten. Dazu gehören auch Bilder des Osiris, der immer stärker als Nachtsonne empfunden wird und sich mit Re zur «vereinigten» Gottheit verbindet, die im Titel und im Text der Sonnenlitanei genannt ist. Dieser «Vereinigte» erhält in einem nächsten Schritt den Widderkopf des nächtlichen Sonnengottes – in einem Hymnus aus dem memphitischen Grab des Haremhab, also kurz nach Echnaton, wird Osiris bereits «widderköpfig» genannt, und seit dem Grab der Königin Nefertari kann er auch so dargestellt werden. Aber trotz dieser engen Affinität zum Sonnengott hat es Echnaton doch vorgezogen, Osiris aus seinem Jenseitsbild ganz zu verbannen; auch als nächtliche Erscheinung der Sonne läßt er ihn nicht gelten, da seine Popularität ihn leicht zu einem Gegenpol der Aton-Verehrung gemacht hätte.

Fortleben im Tempel

Das Reich der Toten, wie es Echnaton und seine Vertrauten sehen, liegt im Atontempel von Achetaton; deswegen nennt sich der Haremsvorsteher Merire «gerechtfertigt in Achetaton» und der General Ramose «Herr der Versorgung (*imach*) in Achetaton». Man muß nicht mehr auf ein fernes «Binsengefilde» oder «Opfergefilde» hoffen, um seiner Versorgung nach dem Tode sicher zu sein. Alle die Sprüche, die man bisher zur Orientierung, zur Versorgung und zum Schutz in den Gefilden des Jenseits benötigt hatte, wurden entbehrlich – es gibt aus der eigentlichen Amarnazeit kein Totenbuch, wie auch die königlichen Unterweltsbücher nicht länger gebraucht werden. Und wir verstehen jetzt, weshalb die Architektur eine solche Rolle in der Dekoration der Beamtengräber spielt – Tempel und Palast sind ja die neue, diesseitige Welt der Toten!

Die Frage stellt sich, was für ein jenseitiges Schicksal jetzt außerhalb von Achetaton denkbar war. Der Wesir Aper-El heißt in seinem Grab in Saqqâra «gerechtfertigt im Westen von Memphis», rechnet also mit einem Fortleben dort, doch befinden wir uns hier noch sehr wahrscheinlich in den frühen Jahren Echnatons. Aus seinen späten Jahren gibt es keine gesicherten Gräber in der Provinz. Man kann sich aber vorstellen, daß die Ba-Seele, als frei bewegliches Element des Menschen, den nächstgelegenen Aton-Tempel oder, noch besser, den Haupttempel in Achetaton aufsucht, um dort an den ständigen Opfergaben und an der Nähe des Königs teilzuhaben; Echnaton war jetzt eigentlich nur in seiner Residenz anwesend. Vergleichbar wäre die ältere Vorstellung, daß die Ba's aller Menschen den Sonnengott in seiner Barke begleiten möchten, so wie sie jetzt alle zum Tempel streben. So huldigt die Aton-Religion auch in ihrem Jenseitsglauben keiner universalen Schau, sondern einem eng begrenzten Regionalismus.

Die äußeren Formen

Auch wenn die Auffassung vom Fortleben nach dem Tode einen radikalen Wandel erfährt, bleiben bestehende Gebräuche und Formen des Totenglaubens, so Begräbnisriten und traditionelle Beigaben, noch eher erhalten. Die Totenklage und das Begräbnis als Mumie sind allerdings nur in einem der Beamtengräber von Amarna dargestellt, dazu noch auf der Ostwand (bei Huja)! Da nur das Dasein am Tage zählt, im Lichte des Aton, ist die Mumie jetzt eigentlich entbehrlich, und die Regeneration des Körpers im Jenseits spielt keine Rolle mehr. Daher verschwindet auch ihr wichtigstes Symbol, der Skarabäus-Käfer, aus der Produktion der königlichen Werkstätten; an seine Stelle tritt die neutrale Form des Fingerrings. So sind Skarabäen mit Echnatons Namen überaus selten. Dagegen haben sich, vom Stil her unverkennbar, zahlreiche *Uschebti* des Königs erhalten – Totenfiguren, die modern auch «Arbeiter des Jenseits» genannt werden, weil sie an Stelle des Toten lästige Arbeiten im Jenseits ausführen sollten. Traditionell sind sie mit einem Spruch des Totenbuches beschriftet und bezeichnen den Verstorbenen als «Osiris», während Echnatons Figuren nur Titel und Namen des Königs tragen. Die relativ wenigen privaten Uschebti dieser Zeit sind teils traditionell beschriftet (auch bei einer «Sängerin des Aton»!), teils mit einer Opferformel, die den Namen des Aton enthält.

Man muß annehmen, daß für Echnaton am Anfang seiner Regierung ein Königsgrab in Theben vorgesehen war, das bisher nicht mit Sicherheit bestimmt werden konnte. Für seine Ausstattung waren wohl die «Magischen Ziegel» gedacht, auf denen der König noch als ein «Osiris» bezeichnet ist. Im Königsgrab von Tell el-Amarna wurden Fragmente von mehreren Sarkophagen aus Rosengranit gefunden, die statt der bisher üblichen Schutzgötter («Horussöhne» und Anubis) die Anbetung des Strahlenaton durch Echnaton trugen. Bedeutsam ist, daß an allen vier Ecken des Sarkophages die Königin steht, die unter Tutanchamun durch die vier Schutzgöttinnen Isis, Nephthys, Neith und Selkis ersetzt wird. Nofretete ist somit Echnatons Schutzgöttin, die ihm angenehmen Lufthauch an Mund und Nase wünscht. Dagegen verwendet er bei seinem Kanopenschrein als Schutzwesen die «neutrale» Form des Falken, denn der traditionelle Geier ist zu sehr belastet. Für seinen Totenkult war vermutlich der «Kleine» Atontempel in Achetaton bestimmt, der wie die thebanischen Totentempel in unmittelbarer Nähe eines Palastes liegt und die Bezeichnung *hut* trägt.

Das königliche Vorbild, auf seinem Sarkophag die Schutzgottheiten durch die Königin zu ersetzen, wird alsbald nachgeahmt. Dafür ist der Sarg der Taât aus Deir el-Medine ein wichtiges, wenn auch bisher einmaliges Zeugnis, sind doch auch hier die Schutzgottheiten durch Familienangehörige ersetzt.

Gnade des Königs statt Totengericht

Da es kein jenseitiges Totenreich mehr gibt, ist auch die Idee eines allgemeinen Totengerichts und einer jenseitigen Gerechtigkeit nicht mehr zeitgemäß. Ethisches Fundament für ein seliges Fortleben sind jetzt die Gunst und Gnade des Königs, der ja «von Maat lebt» und damit für seine Beamten die Richtschnur der Maat verkörpert. Versorgung kann es im Diesseits wie im Jenseits nur durch den König geben. Wer ihm loyal ergeben ist, der bleibt über seinen Tod hinaus ein *Maati*, ein zur Maat Gehöriger und Gerechtfertigter; ohne diese Loyalität gibt es kein Fortleben, denn Echnaton «ist der Schicksalsgott (*Schai*), der alle Lebenszeit gewährt, dazu ein Begräbnis (nach) dem Alter in seiner Gnade» – so der General Ramose in einer Inschrift seines Wohnhauses in Achetaton. In ihren Gräbern werden die Beamten immer noch als «gerechtfertigt» (*maa-cheru*) bezeichnet. Die bildliche Darstellung des Gerichts erfährt aber unmittelbar nach der Amarnazeit eine bedeutsame Ergänzung mit der Figur des «Totenfressers», eines Untiers, das aus Krokodil, Löwe und Nilpferd zusammengesetzt ist und jetzt den Höllenrachen verkörpert, der die «Feinde» verschlingt.

So kann man den Totenglauben in Tell el-Amarna sehr einfach zusammenfassen: nachts schlafen die Toten, tags begleiten sie den Aton und den König mit seiner Familie zum großen Tempel, wo alle versorgt werden. Es gibt also auch weiterhin ein Fortleben, aber zuständig dafür, Herr der Versorgung im Diesseits wie im Jenseits, ist der König, und nur für dessen Fortleben sorgt der Aton persönlich. Tempel und Palast, mit allen architektonischen

Details ausgemalt, beherrschen die neue Grabdekoration, denn sie spiegeln das neue, durchaus irdische «Jenseits» der Toten, und dazu kommen als beliebte Themen die Ausfahrt der Königsfamilie und das tägliche Opfer des Königs im Tempel. Wenn die Gräber statt der bisher üblichen Pfeiler jetzt Säulen verwenden – Aja hat in seinem Grab eine richtige Säulenhalle –, dann wird hier auch architektonisch das Reich der Toten als Diesseits gestaltet, wobei man jedoch an Entwicklungen unter Amenophis III. anknüpft.

In einer etwas dunklen Formulierung des «Sonnengesangs» erfahren wir, daß der Aton, auch wenn er in der Nacht «fortgegangen» ist und die Welt dem Todesschlaf überläßt, doch im Herzen des Königs bleibt. Dort ist sein dauernder Aufenthalt, und die Gemeinschaft mit seinem Verkünder mildert die Einsamkeit, die ihn auf seinem Lauf umgibt. Das traditionelle Jenseits, das die Sonne jetzt nicht mehr berührt und erleuchtet, verliert viel von seinem Glanz. Im Grabe eines Handwerkers, dessen Name Paatonemhab noch auf die Amarnazeit weist, steht die älteste Fassung des *Anteflliedes*, das man früher in das Mittlere Reich datieren wollte, weil es fiktiv einem König Antef zugeschrieben wird. Seine skeptische Haltung gegenüber dem Jenseits, welche die gesamte neue Gattung der Harfnerlieder und ebenso die neuen Totenklagen kennzeichnet, ist ein Produkt von Echnatons Lichtreligion, die tiefe Schatten geworfen hat.

Das Anteflied

Ich habe die Worte des Imhotep und des Hordedef gehört,
aus deren Sprüchen man überall zitiert.
Wo sind ihre Stätten? Ihre Mauern sind zerfallen,
ihre Plätze existieren nicht, als wären sie nie entstanden.

Keiner kommt von dort, daß er ihren Zustand beschreibe
und von ihren Bedürfnissen Kunde gebe,
daß er unser Herz beruhige,
bis auch wir dorthin gelangen, wohin sie gegangen sind.

Du aber erfreue dein Herz, um all das zu vergessen –
es tut dir gut, deinem Herzen zu folgen, solange du lebst.
Lege Myrrhen auf dein Haupt,
kleide dich in feinstes Leinen,
salbe dich mit echtem Öl vom Gottesbesitz.
Vermehre dein Wohlbefinden und laß deinen Willen nicht ermatten!
Folge deinem Herzen in Gemeinschaft mit deiner Liebsten,
verrichte dein Werk auf Erden und kränke dein Herz nicht,
bis jener Tag der Totenklage zu dir kommt.
Aber der «Herzensmatte» (Osiris) hört ihre Schreie nicht,
und ihre Klagen retten ein Menschenherz nicht aus der Unterwelt.
Nochmals: Feiere einen Festtag und werde dessen nicht müde!
Bedenke: niemand kann seine Habe mit sich nehmen.
Bedenke: niemand, der fortgegangen ist, kehrt wieder!

Der ganze Text im Papyrus Harris 500 (= Brit. Museum 10060) aus der 19. Dynastie.

9

Dunkle Jahre

Das bewegte Jahr 12

Mit der Verfolgung der alten Gottheiten hatte die neue Religion ihren Höhepunkt erreicht und zugleich überschritten. Es beginnt eine Endphase, die Redford als *sunset*, «Sonnenuntergang», kennzeichnet.

Die letzten offiziellen Denkmäler des Königs stammen aus seinem 12. Regierungsjahr und haben beide mit seiner Außenpolitik zu tun. Das eine ist eine Siegesstele, von der wohl mehrere Exemplare in Nubien aufgestellt wurden; einige Fragmente sind später im Tempel von Buhen verbaut und zum Teil erst 1976 veröffentlicht worden, ein weiteres fand sich in Amada. Es handelt sich um einen Feldzug gegen das nubische Land Ikaita, mit dem Echnaton seinen Vicekönig Thutmose betraut. Nach einem alten Grundmuster wird zuerst die «Rebellion» des Landes dem König gemeldet und gibt ihm den Vorwand zum militärischen Eingreifen. Dies hat die Ausmaße einer relativ bescheidenen Strafexpedition, wie die Beuteliste am Schluß der Inschrift zeigt – 145 Feinde werden gefangen, 80 getötet (teils im Kampf, teils «am Pfahl», also durch Hinrichtung). Es ist bisher der einzige Feldzug, der von Echnaton belegt ist, und er hat ihn sicher nicht selber geführt;

damit entzieht er sich dem prägenden Muster, wonach jeder Pharao am Anfang seiner Herrschaft einen oftmals nur symbolischen Feldzug führt, um damit seiner Rolle als Triumphator gerecht zu werden. Auch sonst vermeidet er kriegerische Attribute (wie wir sie noch bei seinem Vater Amenophis III. finden), und die Darstellung von Triumphszenen, das «Niederschlagen der Feinde» scheint auf den Pylontürmen der Amarna-Tempel zu fehlen. In den Briefen des Amarna-Archivs wird er von den treuen Vasallen vergeblich immer wieder zum militärischen Eingreifen in Vorderasien aufgefordert – daraus entstand ja das Klischee des «pazifistischen» Königs, der sich, nach außen untätig, ganz in seine Traumwelt in Achetaton einschließt. Doch treffen wir gegen das Ende seiner Regierung eine lebhafte außenpolitische Aktivität, im Zusammenhang mit dem Aufenthalt des Fürsten Aziru von Amurru in Achetaton.

Das andere Denkmal des 12. Jahres ist der «Fremdländertribut», der in zwei Beamtengräbern der neuen Residenz dargestellt ist. Bisher waren die «Tribute», d.h. Handelsgüter, der Fremdvölker in den Gräbern der Wesire abgebildet worden, da sie als nominell höchste Beamte auch den Außenhandel überwachten. Bei Echnatons Wesiren, Ramose oder Aper-El, findet sich nichts dergleichen. Daß dem König diese außenpolitische Demonstration wichtig war, entspringt wohl wachsenden innerpolitischen Schwierigkeiten; die Verschärfung des religiösen Kurses führte zweifellos zu Reaktionen, und dazu traten familiäre Probleme.

Kija, die Geliebte

Das königliche Familienidyll, das uns aus den «intimen» Szenen der Amarnakunst so ergreifend entgegentritt, hat seit einiger Zeit einen Sprung – seit wir die königliche Favoritin Kija kennen. 1959 und 1961 wurde sie in der wissenschaftlichen Literatur erstmals kurz erwähnt und ist uns seither durch Forschungsarbeiten von Perepelkin, Hanke, Helck und Krauss genauer bekanntgeworden. Der Name ist eine Kurzform, hinter der sich ein ursprünglich anderer, vielleicht ausländischer Name verbirgt. Kija könnte aus dem Mitannireich stammen, denn wir kennen von einem Grabkegel dieser Zeit einen «Verwalter der Dame aus Naharina», die allerdings nicht mit Namen genannt ist; Kija wird oft schlicht «die Dame» (*ta schepeset*) genannt, weshalb man in der anonymen «Dame» im ramessidischen Brüdermärchen bereits eine Erinnerung an Kija erkennen wollte. Auch wenn sie eine Mitannidame war, muß sie nicht identisch mit der Prinzessin Taduchepa sein, die Echnaton aus dem Harem seines Vaters übernahm, sondern könnte als vornehme und schöne Asiatin zu deren Gefolge gehört haben – wir erfahren aus dem Text des Gedenkskarabäus, den Amenophis III. bei seiner Hochzeit mit Giluchepa prägen ließ, daß diese Mitanniprinzessin von 317 Ehrendamen nach Ägypten begleitet wurde.

Auf jeden Fall ist Kija mehrere Jahre neben Nofretete bezeugt, und die beiden Damen sind durch ihre offiziellen Titel sorgfältig unterschieden. Seit jeher gibt es im königlichen Harem nur eine einzige «Große königliche Gemahlin», und das ist im Falle Echnatons Nofretete. Kija trägt dagegen den ganz ungewöhnlichen offiziellen Titel «Große geliebte Frau des Königs», der sie über alle anderen Haremsdamen emporhebt, ohne ihr jedoch eine religiöse Bedeutung zuzuweisen, wie sie Nofretete gehabt hat.

Auch in der Darstellung ist Kija sorgfältig von Nofretete unterschieden. Niemals erscheint sie mit Krone oder königlicher Uräus-Schlange, und ihr Name wird nicht in eine Kartusche eingeschlossen. Dazu kommt, daß nie mehr als eine Tochter ihr folgt, im Gegensatz zu dem in der Regel größeren Gefolge von Echnaton/Nofretete.

Ob man mit einem «Verschwinden» Nofretetes rechnet oder nicht, und wie immer es zu erklären wäre, Kija tritt für eine Weile als beherrschende Frau am Königshof hervor. In einer nur als Fragment erhaltenen Darstellung erscheint sie mit einer eigenen Tochter hinter Echnaton unter dem Strahlenaton, während gleichzeitig die Nofretete-Töchter Meritaton und Anchesenpaaton in Proskynese auf dem Boden liegen, also deutlich ins zweite Glied verwiesen sind.

Offenbar hatte Echnaton von Kija eine weitere, siebente Tochter, und man kann sich vorstellen, daß diese ihre eigene Tochter gerne als Thronfolgerin an die Stelle der Meritaton gesetzt hätte. Ob man allerdings mit einem förmlichen Machtkampf zwischen Kija und Meritaton (die zuletzt den Titel einer Königin trägt) in den späten Jahren Echnatons rechnen muß, bleibt der Spekulation überlassen. Sicher scheint nur, daß der Name der Kija an vielen Stellen durch den der (Prinzessin, nicht Königin) Meritaton ersetzt worden ist und daß ein Teil der Grabausstattung in dem ominösen Grab Nr. 55 ursprünglich für Kija bestimmt war.

Die Dachamunzu-Affäre

Dagegen ist es unwahrscheinlich, daß Kija den hochpolitischen Brief an Suppiluliuma geschrieben hat, in welchem eine verwitwete ägyptische Königin um einen hethitischen Prinzen als Gemahl bittet; die hethitischen Quellen sprechen von einer wirklichen Königin und sogar von einem «weiblichen König Ägyptens», was Kija sicher nicht gewesen ist.

Dieser Brief hat sich nur in hethitischen Quellen erhalten und nennt die ägyptische Königin allein mit ihrem Titel (*Dachamun-*

zu), nicht mit Namen. Sie schreibt an Suppiluliuma, daß ihr königlicher Gemahl gestorben sei, ohne Söhne zu hinterlassen. Damit scheidet auch Meritaton (die Semenchkare nicht überlebt hat) aus, und es bleiben nur Nofretete (als Witwe Echnatons) oder ihre Tochter Anchesenamun (als Witwe Tutanchamuns) für die Abfassung des Briefes übrig. Die Bitte um einen hethitischen Prinzen hatte zunächst Erfolg, aber die Ermordung des Prinzen Zannanza auf dem Weg nach Ägypten hat verhindert, daß es schon jetzt zu einem Heiratsbündnis und einer «Verbrüderung» zwischen den beiden Großmächten kam, erst beinahe hundert Jahre später unter Ramses II. war es soweit. Jetzt hingegen löste die Ermordung des Prinzen einen Rachefeldzug der Hethiter aus, dessen schlimmste Folge der Ausbruch einer Pestepidemie war; an dieser Seuche ist der große Hethiterkönig Suppiluliuma gestorben, und man vermutet, daß der frühe Tod vieler anderer Exponenten der Amarnazeit auf sie zurückgeht.

Ein «Sonnenuntergang» voller Rätsel

Die späten Jahre Echnatons sind voller Rätsel und Probleme, und für alle Rekonstruktionen dieser Zeit gilt: sie gehen nie ganz auf. Das jetzt wieder fragliche «Verschwinden» der Nofretete, die Stellung der Favoritin Kija, die «Tochterheiraten» Echnatons, die der Status-Erhöhung der älteren Töchter dienen, das Problem der Mitregierung eines weiblichen Partners oder des Schwiegersohnes Semenchkarê, die behauptete kurze Alleinherrschaft der Meritaton nach dem Tode ihres Vaters und die Verfasserschaft des erwähnten Briefes an Suppiluliuma – immer wieder tauchen neue Rekonstruktionen für jene bewegten, aber schlecht dokumentierten Jahre auf. Das Fehlen von Quellen begünstigt eine üppig wuchernde Spekulation.

Um einige Akzente im Ablauf dieser späten Jahre zu setzen, lassen sich die Gefäßaufschriften heranziehen, die sich in großer Zahl in Tell el-Amarna gefunden haben. Sie nennen für verderbliche Produkte wie Wein, Öl und Honig den genauen Jahrgang, selten auch noch den Monat ihrer Herstellung und Abfüllung. Ihre Verteilung auf die einzelnen Regierungsjahre ist recht ungleich und weist auf deutliche Höhepunkte hin, so in den Jahren 9/10 (neue Titulatur des Gottes und weitere Änderungen?), 12 (Tribut der Fremdländer) und 14 (Regelungen für die Nachfolge?). Vermerkt wird auch die Herkunft, aber nicht der Zweck der Anlieferung, so daß der Anlaß im Dunkel bleibt.

Ein großer Verbrauch von Produkten weist meistens auf Götterfeste hin, aber davon kann in Amarna keine Rede sein. Jan Assmann hat darauf hingewiesen, welche Verarmung dieser Fortfall der Feste für das soziale und religiöse Leben mit sich bringt. Bisher schufen die Feste immer neu die Gelegenheit, sich dem Göttlichen zu nähern, Zuwendung und Hilfe in allen Nöten zu erflehen. Die öffentliche Belohnung, die «Vergoldung» der verdienten Beamten konnte kein Ersatz dafür sein, Echnatons Hoffnungen in dieser Richtung blieben vergeblich, und in seiner nächsten Nähe blühte die Verehrung der angestammten Gottheiten weiter, blühte neu sogar die Satire auf den König und seine «Heilige Familie» auf.

Verspottung des «Ketzerkönigs»?

In diese Richtung könnten die zwei Dutzend Affenfiguren aus Kalkstein weisen, die in Achetaton gefunden wurden. Wagenlenker- und Kußszene erinnern an beliebte Motive in der Darstellung der Königsfamilie, und aus der Ramessidenzeit ist die satirische

Verfremdung Pharaos in Tiergestalt durchaus vertraut. So könnten die Beamten Echnatons in diesen Affengruppen ein Ventil gefunden haben, um ihre innere Distanz zum «Ketzerkönig» anzudeuten.

Bedeutsam sind die Funde von traditionellen Götterfiguren in den Häusern von Amarna. Sie müssen aus einer Zeit stammen, in der diese Gottheiten offiziell verfolgt wurden, zeugen also für die andauernde, wenn auch heimliche Verehrung; zugleich berühren sie auch das Feld der Magie, das in der offiziellen Religion der Amarnazeit völlig ausgeklammert blieb. Dabei überwiegen Figuren der beiden populären Schutzgottheiten Bes und Thoeris, seltener oder vereinzelt sind andere Gottheiten bezeugt: Sobek, Isis, Thot, Ptah, Mut und selbst der verhaßte Amun, auch Osiris. Neben den Amuletten (unter ihnen das besonders beliebte Udjat-Auge) haben sich in den Häusern auch Darstellungen gefunden, die Bes, Thoeris und Amun zeigen, und literarisch lassen sich «Klagelieder» nachweisen, vor allem ein Graffito, das der «Schreiber des Gottesopfers des Amun» im Totentempel des Semenchkarê, Pawah, im Grab Theben 139 hinterlassen hat, an relativ versteckter Stelle. Er preist dort seinen Gott Amun mit Worten, die zum Teil an die Gedichte des «Lebensmüden» und ihren Preis des Sterbens erinnern – die Werke der «Auseinandersetzungsliteratur» des Mittleren Reiches erlangten jetzt neue Aktualität und sind uns überwiegend nur in Kopien des späteren Neuen Reiches erhalten geblieben, so die berühmten «Mahnworte des Ipuwer», die eindrücklich den allgemeinen Wandel und Umsturz in der Welt schildern. Nun verwandelt sich die Klage der Verfolgungszeit in den Lobpreis des Gottes, der alle Verfolgung triumphierend überstanden hat:

Du gibst Sättigung, ohne zu essen,
du gibst Trunkenheit, ohne zu trinken ...
Amun, du Kämpfer des Armen!
Du bist der Vater des Mutterlosen,
der Gatte der Witwe.
Wie lieblich ist es, deinen Namen zu nennen,
er ist wie der Geschmack des Lebens,
er ist wie der Geschmack von Brot für ein Kind,
wie ein Gewand für den Nackten,
wie der Duft eines Blütenzweiges
zur Zeit der Sommerhitze.

Wende dich uns wieder zu, du Herr der Ewigkeit!
Du warst hier, als noch nichts entstanden war,
und du wirst hier sein, wenn sie zu Ende sind.
Du lässest mich Finsternis sehen, die du gibst –
leuchte mir, daß ich dich sehe!

Das Ende ist ungewiß

Aus der Tatsache, daß Semenchkarê einen Totentempel mit Amun-Verehrung in Theben besitzt, und daß in zwei späten Grabkapellen von Tell el-Amarna neben dem Aton auch Amun wieder genannt wird, hat man auf ein Einlenken Echnatons, auf eine teilweise Rücknahme der Reform noch zu seinen Lebzeiten geschlossen. Da die Mitregierung des Semenchkarê heute wieder bestritten wird, steht diese Annahme jetzt auf schwachen Füßen. Vielleicht hat die neue Phase des Nebeneinanders von Aton und den traditionellen Gottheiten doch erst nach dem Tode Echnatons begonnen und wenige Jahre später mit dem Namenswechsel Tutanchatons geendet.

Nichts deutet jedenfalls auf einen Sturz oder ein gewaltsames Ende des «Ketzerkönigs» hin, so wie auch sein Werk nicht sogleich mit seinem Tode zusammenbricht. Während einer Übergangszeit von mehreren Jahren wurde vorsichtig versucht, es fortzuführen, erst dann wurde der Druck der Gegenkräfte zu stark und führte zur Aufgabe des Aton und des heiligen Bezirks von Achetaton. Was allerdings sofort mit Echnatons Tod aufgegeben wurde, war die alleinige Verehrung des Aton (mit der Verfemung der übrigen Gottheiten) und die Leugnung der jenseitigen Unterwelt. Alles andere konnte warten, und entscheidend war wohl das Gefühl der Befreiung von einem schweren Druck, das die Menschen beim Tode des «Ketzerkönigs» beseelte.

10

Die Nachfolger

Viele Damen, aber kein Thronfolger

Die «große Lebenszeit», die Echnaton als stehendes Beiwort führte, war dem König nicht beschieden, er starb in der Blüte seiner Jahre, wahrscheinlich im Juli 1336 v. Chr. Und vor allem starb er, ohne einen Sohn zu hinterlassen, der politisch und dazu religiös seine Stelle ausfüllen konnte. Nofretete und Kija hatten ihm nur Töchter geschenkt, von seinen Geschwistern hat auch nur eine Schwester, Baketamun (später Baketaton), seine Thronbesteigung erlebt, und Nofretete scheint ebenfalls nur eine Schwester zu haben. So gab es eine große Auswahl an königlichen Damen, aber keinen eindeutigen männlichen Erben für das Königsamt.

Dabei war das Nachfolgeproblem dieses Mal besonders heikel, denn es ging ja nicht allein um einen neuen Pharao, sondern um einen Gottessohn, der zwischen Aton und der Menschheit zu vermitteln hat, um einen Propheten, der die reine Lehre vom Lichtgott bewahrt und verkündet. Man kann sich schwer vorstellen, wie z. B. die «Kronprinzessin» Meritaton eine solche Rolle ausfüllen konnte, doch auch die beiden jungen Verwandten des Königs, Semenchkare und Tutanchaton (noch ein Kind), mußten in die Rolle erst hineinwachsen. Die «Königsmacher» hoben diese beiden jungen Männer nacheinander auf den Thron und zeigten damit, daß sie keinen radikalen Bruch mit der herrschenden Dynastie erstrebten.

Im Falle des Semenchkarê ist nicht eindeutig geklärt, ob er bereits von Echnaton zur Mitregentschaft berufen wurde oder erst nach dem Ende des «Ketzerkönigs» für etwa drei Jahre regiert hat. Einige Denkmäler, die man früher für eine Mitregentschaft herangezogen hat, lassen sich auch anders deuten. So sitzen auf der Stele Berlin 17813 zwei Könige in vollem Ornat nebeneinander, aber sie haben nur drei Kartuschen, wie das Paar Echnaton/Nofretete, so daß man in dem «Mitregenten» (mit der Doppelkrone!) eher die «Große Königsgemahlin» sehen möchte; auf einer anderen Berliner Stele (20716) trägt sie die Blaue Krone und schenkt Echnaton Wein in eine Schale. So bleibt nur eine einzige offizielle Darstellung, die Semenchkarê mit Meritaton als seiner Gemahlin bei der Belohnung des Merirê in dessen Grab zeigt. Es ist möglich, daß der Beamte sie unmittelbar nach Echnatons Tod einfügen ließ, als die Aufgabe von Achetaton und seinen Gräbern noch nicht beschlossen war, so daß auch diese Darstellung keinen Beweis für eine Mitregentschaft liefert. Eine sehr fragmentarische Stele in London (University College) zeigt zwar vier Kartuschen und deutet damit auf Mitregentschaft, doch ist die Identifizierung von Echnatons Partner auch hier umstritten. Nur ein Indiz ist der Beiname «geliebt von Nefercheprure» oder «geliebt von Uanrê» (beides meint Echnaton), den man lieber auf den noch lebenden «Ketzerkönig» beziehen möchte, also auf eine Mitregentschaft, als auf eine postume Verehrung Echnatons.

Tutanchaton tritt auf

Festen Boden gewinnen wir erst wieder mit der Regierung des jungen Tutanchaton, auch wenn seine Herkunft immer noch ungesichert bleibt. Aus der Bezeichnung «leiblicher Königssohn» auf einem der Blöcke aus Hermopolis möchte man immer wieder die Berechtigung ableiten, ihn als Sohn von Amenophis III. oder von Echnaton zu sehen, aber die ägyptischen Prinzentitel sind viel zu unbestimmt, um daraus Schlüsse zu ziehen. Vor einigen Jahren stieß man beim Roten Kloster von Sohag auf das Grab eines «Gottesvaters» Sennedjem, dem offenbar die Erziehung des jungen Tutanchaton anvertraut war; soll man daraus schließen, daß der Prinz seine frühe Kindheit in der Gegend von Achmim verbracht hat, in der Heimat jener prominenten Familie, der Teje, Juja und Aja entstammen?

Auf der Rückenlehne seines Thrones ist das neue Königspaar unter dem Strahlenaton abgebildet, führt also die Idee der göttlichen Triade weiter, wie sie Echnaton und Nofretete mit dem Aton verwirklicht hatten. Aber dieser Versuch, Grundzüge von Echnatons Religion zu bewahren, hat nur kurze Dauer, eine direkte Fortführung des Reformwerkes erwies sich als unmöglich. Ein erstes Zeichen ist der Verzicht auf das Symbol des Strahlenatons.

Zurück zu Amun und Ptah

Wahrscheinlich in seinem dritten Regierungsjahr wird der Name des neuen Königs in Tutanch*amun* geändert, und gleich danach erfolgt die endgültige Aufgabe von Echnatons «Horizont des Aton»; der Hof siedelt nach Memphis um. Dort verkündete der Text der «Restaurationsstele» das Ende der Reformation und die Wiederherstellung der alten Kulte, die man so lange Zeit «vergessen» hatte, so daß weder Gott noch Göttin herbeikamen, wenn man sie rief. Gleich zu Beginn der Inschrift wird der junge König als «geliebt» von Amun-Re, Atum von Heliopolis, Re-

Harachte, Ptah und Thot bezeichnet, in ungewöhnlicher Häufung, um allen wichtigen Kulten gerecht zu werden. Es herrscht das Gefühl, das Land habe eine Krankheit durchgemacht und sei endlich wieder genesen. Aber es geht auch um die Wiederherstellung der Maat gegen denjenigen, der ständig behauptet hatte, von Maat zu leben!

Wie die religiöse Entwicklung unmittelbar nach Echnatons Ende verlaufen ist, läßt sich vielleicht am besten an einigen Hymnen ablesen, die Haremhab in der Zeit Tutanchamuns verwendet hat, vor allem auf seiner Stele 551 im Britischen Museum. Dort betet der Regent zu Atum-Harachte und beginnt mit Wendungen, die direkt aus einem Atonhymnus stammen könnten:

Du bist erschienen im Horizonte des Himmels ...
du bist vollendet und verjüngt als Aton,

und «Aton» wird mit dem Gotteszeichen geschrieben, als gelte immer noch Echnatons Lehre, doch geht der Satz weiter «in der Umarmung deiner Mutter Hathor» und kehrt damit zur traditionellen Einbettung des Sonnengottes in «Konstellationen», in mythische Bezüge zurück. Echnatons Aton hatte keine Mutter, bei Haremhab wird neben Hathor auch die Himmelsgöttin Nut als Mutter des Gottes angesprochen. Einige Verse weiter wird der Gott als «König von Himmel und Erde» gepriesen – das war auch der Aton! –, dazu aber als «Herrscher der Unterwelt (*Dat*) und Oberhaupt der Wüste des Totenreiches», somit wieder als Herr des Jenseits und «Der sich aus dem Urgewässer (*Nun*) herauszog»; danach kommen auch die kultische Wirklichkeit und die Mythologie des Sonnenlaufes wieder in den Blick:

Erhabener Gott in seiner Kapelle,
Herr der Zeit inmitten seiner Barke!
Die im Horizont rudern dich ...
dir jubeln die Ba's des Westens zu ...,

und den Schluß bildet eine Fülle mythologischer Anspielungen, ganz im Stil der traditionellen Hymnen:

«Vollendeter Jüngling, den Ptah geschaffen hat, ... der hervorging als Horus ... Herrscher der Zeit und Fürst der Götter der Ewigkeit, ... deine Mutter Nut erhebt dich».

Daran schließt sich ein Preislied auf Thot, den Gott der Weisheit und des Mondes, mit dem sich Haremhab direkt vergleicht – wie der Mond neben der Sonne, steht er zur Seite seines Königs Tutanchamun. Ein weiteres Preislied gilt der Göttin Maat, die ihm Lebenshauch spendet, und den Schluß bildet der traditionelle Totenwunsch, im «Binsengefilde», dem ägyptischen Paradies des Jenseits, ein- und auszugehen und im Gefolge des Sokar zu sein, des memphitischen Totengottes. Das unter Echnaton verbannte Jenseits ist damit voll und ganz zurückgekehrt!

Etwa zur gleichen Zeit leitet der Hohepriester Parennefer den Wiederbeginn des Amunkultes in Karnak, wobei die Prozession der heiligen Vase des Gottes eine herausragende Rolle spielt und zum traditionellen Kult zurückführt. Sein thebanisches Grab wurde erst vor wenigen Jahren von F. Kampp und K. J. Seyfried aufgefunden und läßt deutlich erkennen, daß es sich am Vorbild des Königsgrabes von Amarna und an den dortigen Beamtengräbern orientiert. Es gibt keinen Strahlenaton mehr, aber die Szene der Sonnenverehrung, mit dem Jubel der ganzen Schöpfung, ist der Bildwelt von Echnatons Grabstätte entnommen, und aus Amarna stammt auch das Schwelgen in Wagen-Darstellungen.

Der Geist der Zeit zeigt sich in der Lösung, die man beim frühen Tod Tutanchamuns für die Dekoration des Königsgrabes fand. Man kehrt keineswegs zur Tradition, zur Zeit vor Echnaton zurück, sondern verbindet zitathafte Rückgriffe auf die Tradition mit radikalen Neuerungen, die der Amarnazeit würdig sind und zum Teil aus der Formenwelt nichtköniglicher Gräber stammen. Das gilt in gleicher Weise für das Grab des Nachfolgers Aja, das nur vier Jahre später ausgeschmückt wurde. An den Wänden beider Gräber findet sich zitathaft das alte Unterweltsbuch Amduat, bei Aja auch das Totenbuch, und die vergoldeten Schreine Tutanchamuns bieten neben Amduat und Totenbuch auch neue Kompositionen, darunter das «Buch von der Himmelskuh».

Das Ende der Dynastie: Aja und Haremhab

In der Steleninschrift seines Felstempels in der Nähe von Achmim rechnet Aja mit dem «Übel» und der «Zerstörung der Rechtmäßigkeit» ab und sorgt dafür, daß jeder wieder «seinem Gott» opfern kann und daß «alle Götter» zufriedengestellt, ihre Heiligtümer restauriert werden. Ganz ähnliche Töne also wie bei Tutanchamun, und auch der Nachfolger Haremhab weist nachdrücklich auf die Zerstörungen hin – er sorgt sich um die Tempel der Götter, die zu «Ruinenhügeln» geworden sind, und stellt den idealen Zustand der Welt wieder her:

«Da gründete er dieses Land und gab ihm Vorschriften, die der Zeit des Re entsprechen. Er erneuerte die Tempel der Götter von den Marschen des Deltas bis nach Nubien. Er formte alle ihre Götterbilder, im Unterschied zu dem, was früher gewesen ist, in größerer Vollkommenheit ... Er zeichnet ihre Tempel aus, er schafft ihre Statuen in jeder richtigen Gestalt aus allerlei edlen Steinen. Er durchforschte die heiligen Bezirke der Götter, die Ruinenhügel waren, in diesem Lande, und er gründete sie wieder so, wie sie seit der ersten Urzeit zu sein haben. Er stiftete ihnen Gottesopfer als bleibendes, ständiges Opfer, dazu allerlei Gefäße für ihre Tempel, aus Gold und Silber gegossen. Er stattete sie aus mit Wab-Priestern und Vorlesepriestern, aus der Elite des Heeres. Er wies ihnen Äcker und Vieh zu ...»

Haremhab ist durch seine Heirat (eine Schwester der Nofretete?) und durch seine Karriere noch eng mit dem Königshaus der 18. Dynastie verbunden, tritt aber sehr bewußt als erster legitimer Herrscher seit Amenophis III. auf, der sein großes Vorbild ist. Mit ihm setzt wieder eine lebhafte Bautätigkeit im Amunstempel von Karnak ein, wobei man in großem Umfang *Talatat*-Blöcke aus Echnatons Tempelbauten wiederverwendet. Auch außenpolitisch entfaltet Ägypten neue Aktivität, die zur Wiedergewinnung verlorener Gebiete in Syrien führt. Die folgende Ramessidenzeit nimmt Gestalt an.

11

Epilog

Scheitern und Fortwirken

Was bleibt? Echnaton hat keine Gemeinde begründet, er hatte keine Jünger und keine Apostel, die sein Werk weitertrugen, nur einen kleinen Kreis von Gefolgsleuten, die mit seinem Tod den Bezugspunkt verloren. Echnaton hatte seine Lehre so ausschließlich auf sich als den Einzigen, der den Aton kennt, bezogen, daß sie mit ihm untergehen mußte – auf jeden Fall in der extremen Form, in der er sie verkündet hat.

Und doch hat er eine Bewegung in Gang gesetzt, die weit über seinen Tod hinaus lebendig blieb und auf vielen Gebieten fortwirkte. Das Neuägyptische blieb, nach kurzem Rückschlag, die neue Schriftsprache, in der sich bald eine reiche Literatur entfaltet und mit den Harfner- und Liebesliedern eine bisher ungekannte lyrische Dichtung hervorbringt. Durch die bildende Kunst geht noch jahrzehntelang der Schwung der Bewegtheit und der Gestaltung von Emotionen, deren Motor Echnaton war, und die Bildfreudigkeit der Amarnakunst pflanzt sich, in immer neuen Wellen, durch die folgenden Jahrhunderte fort.

Im Götterglauben hat Amun seine überragende Stellung nur zum Teil wiedererlangt, seine Stadt Theben ist niemals wieder

Hauptstadt geworden. Der Monotheismus allerdings mußte ein halbes Jahrtausend und länger warten, bis er im Judentum eine neue Chance erhielt. Dabei ist die Möglichkeit umstritten, daß die monotheistischen Ideen Echnatons in Palästina weitergewirkt haben, wie es vor allem Freud angenommen hatte. Zu groß ist der zeitliche Abstand, ein direkter Einfluß auf den Monotheismus des Alten Testaments von daher auszuschließen. Aber Unterströme, die uns verborgen bleiben, mögen durchaus weitergewirkt haben; vielleicht hat der Verfasser von Psalm 104 tatsächlich aus dem großen Sonnengesang geschöpft.

Mehr als eine Episode

Echnaton und die von ihm gestiftete Religion sind nicht so episodenhaft, wie es oft dargestellt wird. Die Herausforderung, die er für Ägypten bedeutet, hat Generationen gezwungen, scheinbar gelöste Fragen noch einmal neu zu überdenken, so wie die bildende Kunst aus dieser Auseinandersetzung neue Impulse empfing. Oder, um es mit Assmanns Worten zu sagen: «Die Amarna-Religion hat als Herausforderung klärend, aber nicht reformatorisch wandelnd gewirkt. Die traditionelle Religion ist sich ihrer selbst in dieser Konfrontation mit ihrem Gegensatz nur umso bewußter geworden».

Das zeigt sich vor allem im Jenseitsglauben. Die Leugnung des Jenseits und des Osiris-Reiches zwang dazu, den Sinn der dunklen Welthälfte neu zu durchdenken. Daß das Licht auf die Finsternis angewiesen bleibt und daß diese in sich einen eigenen, durchaus positiven Wert darstellt, ist niemals so deutlich empfunden worden wie nach Echnaton. Kein größerer Gegensatz zu seiner Lichtreligion ist denkbar, wenn es im Sonnenhymnus des Tjanefer, eines höheren Amunspriesters der frühen 20. Dynastie, vom Sonnengott, der zu den Toten hinabsteigt, heißt: «Wenn du zu ihnen kommst ... bist du rauchig und finster, denn ihr Abscheu ist das Licht ...»!

Auf der einen Seite die Abhängigkeit alles Lebens vom Licht, eine förmliche Lichtseligkeit Echnatons, auf der anderen das Licht als «Abscheu» – zwei extreme Grenzfälle. Zur Erneuerung und Verjüngung braucht das Licht, braucht alles Leben die Finsternis. Auf den *ganzen* Sonnenlauf kommt es an, auch auf den nächtlich-unterirdischen, der die Energien der Sonne wiederauffüllt. Es ist nur folgerichtig, daß unmittelbar nach Echnaton eine wahre Flut von symbolischen Darstellungen des täglichen Sonnenlaufes einsetzt. Eine der frühesten gehört zum änigmatischen Unterweltsbuch Tutanchamuns auf einem seiner vergoldeten Schreine, das bisher keine Parallele hat; seine Abhängigkeit von Amarna wird in Strömen von Licht sichtbar, welche die einzelnen Figuren in der Unterwelt miteinander verbinden und in den Leib der Verstorbenen eintreten.

Die Sonne bleibt

Die Sonnenlauf-Szenen zeigen überdies, welche Bedeutung man auch nach dem Scheitern Echnatons der Sonne zugewiesen hat. Es gab keinen Rückschlag für den alten ägyptischen Sonnenglauben, und man staunt über die maßvolle Reaktion der Ägypter auf die Provokation durch Echnaton. Doch widmet man jetzt dem Miteinander von Re *und* Osiris verstärkte Aufmerksamkeit. Und gegen den Versuch des Reformators, den Sonnengott ganz in *diese* Welt hereinzuholen, sie gänzlich mit seiner Anwesenheit zu füllen und alles Jenseitige zu leugnen, setzt das «Buch von der Himmelskuh» (seit Tutanchamun bezeugt) die mythische Aussage, der Sonnengott habe sich wegen der Empörung der Men-

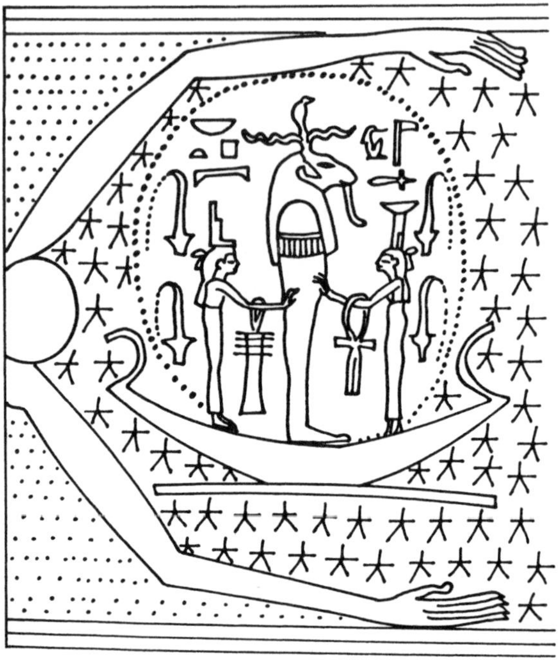

Bild des Sonnenlaufes mit der «vereinigten» Gestalt von Re und Osiris. Zeichnung: Andreas Brodbeck nach einem Papyrus der 21. Dynastie (A. Piankoff, Egyptian Religion 4, 1936, 67, Fig. 5).

schen ein für alle Male aus dieser Welt an den Himmel zurückgezogen, zugleich aber die Unterwelt für die Toten eingerichtet. Hier wird erneut die *Ferne* und die Jenseitigkeit der Götter betont.

Die andere deutliche Rücknahme geschieht in der Königsideologie. Nach Echnaton gibt es nur seltene und zaghafte Versuche, Pharao als Gott des Einzelnen zu verehren. So bei Huja, dem nubischen Vicekönig Tutanchamuns, der seinen König anfleht, die «Finsternis» zu vertreiben, die das Fernsein von ihm bedeutet.

Amun wird jetzt zum Gott der Armen und Bedrückten, zur Zuflucht des schlichten Beters – so wird die Reaktion zugunsten Amuns weniger von der Priesterschaft als vom einfachen Volk getragen. Amun ist als Sonnengott fern und nah zugleich, fern als Schauender, nah als Hörender, der dem Betenden beisteht. In der offiziellen Theologie der Ramessidenzeit, welche die «Neue Sonnen-Theologie» weiterführt, wird er ein Gott, der die ganze Welt mit sich erfüllt (wie Aton sein Heiligtum), der sich als Einer «zu Millionen» macht, aber die anderen Gottheiten nicht verdrängt.

Die Gestalt des Sched als «Retter», als kraftvoller, jugendlicher Gott, der in Notsituationen eingreift und hilft, ist ein weiteres Erbe der Amarnazeit. Hier hat sich, in einer Zeit der Krise und Weltangst, die Sehnsucht der Menschen zu einer neuen Gottheit verdichtet, die als personifizierter Nothelfer im Zeitalter der «Persönlichen Frömmigkeit» neben Amun treten konnte. Dabei ist im Grunde der junge, kämpferische Horus gemeint, der seinem Vater Osiris beisteht, aber diese Funktion vermischt sich mit der des Sonnengottes, der über seine Feinde triumphiert.

Die Ägypter hätten den Lichtgott, den ihnen Echnaton verkündete, als schöpferische Weiterentwicklung der «Neuen Sonnen-Theologie» der 18. Dynastie wahrscheinlich akzeptiert, und sie haben ihn eine kurze Zeit nach Echnaton auch weiter geduldet; die Bezeichnung «Aton» für die Sonne ist niemals verfemt worden. Aber was sofort zurückgenommen wurde, war die Ausschließlichkeit, mit der dieser neue Gott auftrat.

Wurzeln des Fundamentalismus

Hier kommen wir zum entscheidenden Punkt. In der Amarnareligion hat zum ersten Mal in der Geschichte ein Mensch den

Versuch unternommen, die gesamte Natur- und Menschenwelt aus *einem* Prinzip zu erklären. Wie Einstein hat Echnaton das Licht als absoluten Bezugspunkt gesetzt, und es bleibt bewundernswert, mit welcher Klarheit und Konsequenz er diese Idee im 14. Jahrhundert v. Chr. verfolgt hat, darin tatsächlich der erste *moderne* Mensch. Auch die Neuzeit hätte es ja am liebsten, wenn sich die Welt aus *einem* Prinzip erklären, durch eine einzige «Weltformel» beschreiben ließe, die Versuche dazu reißen nicht ab.

Aber Echnaton zeigt auch in ungewöhnlicher Klarheit, daß solche Einseitigkeit zum Scheitern verurteilt ist; alles, was wir verdrängen und ausklammern, überholt und überschattet uns. Echnaton war vielleicht der erste Fundamentalist der Geschichte und ist deshalb gerade heute wieder eine sehr aktuelle Gestalt, der man in aller Kritik Respekt und Sympathie schwer versagen kann.

Wir lernen aus seinem Schicksal und aus seinem Scheitern: Fundamentalismus, in welcher Form auch immer, löst keine Probleme, sondern verdrängt sie nur. Der Verlockung, die bisweilen von ihm und von seinen scheinbar so einfachen und klaren Lösungen ausgeht, dürfen wir nicht erliegen. In seiner Einseitigkeit kann er keine Zukunft haben – es darf nicht um ein einzelnes, isoliertes Prinzip gehen, mag es noch so edel und erhaben sein, es steht immer und überall das Ganze auf dem Spiel.

Auf Echnaton ist keine finstere Reaktion gefolgt, sondern der vorsichtige Versuch, Altes und Neues zu verbinden, positiv Errungenes nicht sofort wieder preiszugeben. Auf die Geistesgeschichte Ägyptens und der ganzen Menschheit hat die Amarnazeit befruchtend und belebend gewirkt, und für unsere Zeit bietet sie einen Modellfall, von dem sich immer noch lernen läßt.

Literaturhinweise

Allgemein:

Eine Bibliographie von über 2000 Titeln gibt G. T. Martin, *A Bibliography of the Amarna Period and its Aftermath*, London und New York 1991. Einem raschen Überblick dient H. A. Schlögl, *Echnaton – Tutanchamun. Daten, Fakten, Literatur.* erstmals 1983, in 4. Aufl. Wiesbaden 1993.

Als Sammlung der Texte immer noch grundlegend M. Sandman, *Texts from the Time of Akhenaten*, Brüssel 1938 (Bibliotheca Aegyptiaca 8). Eine Prosopographie gibt R. Hari, *Répertoire onomastique amarnien*, Genf 1976 (Aegyptiaca Helvetica 4).

Neuere Biographien über Echnaton (in Auswahl): C. Aldred, *Akhenaten, King of Egypt*, London 1988 (Neuausgabe, erstmals 1968 und deutsche Ausgabe: *Echnaton, Gott und Pharao Ägyptens*, Bergisch-Gladbach 1968); J. J. Perepelkin, *Perevorot Amen-chotpa IV*, 2 Bde, Moskau 1967 und 1984; D. B. Redford, Akhenaten, *The Heretic King*, Princeton 1984; H. A. Schlögl, *Amenophis IV. Echnaton*, Reinbek 1986, ^{2}1992 (rororo Bildmonographie); F. Cimmino, *Akhenaton e Nefertiti*, Mailand 1987. Eine vergleichende Besprechung der Biographien von Aldred und Redford gab M. Eaton-Krauss, «Akhenaten versus Akhenaten», *Bibliotheca Orientalis* 42, 1990, 541–559.

Kapitel 1:

Eine erste Fassung dieses Kapitels habe ich am New Yorker Symposion «Akhenaten: Hero or Heretic?» vorgetragen (1. 12. 1990): «The Rediscovery of Akhenaten and His Place in Religion», *Journal of the American Research Center In Egypt* 29, 1992, 43–49.

Champollion äußert sich über Amarna in seinem 6. Brief, den er aus Beni Hassan und Manfalut schrieb, siehe seine *Lettres écrites d'Égypte et de Nubie en 1828 et 1829*, Paris 1833, und die zitierte Stelle in den *Notices descriptives* II, S.320; in der *Description de l'Égypte* hat E. F. Jomard in Bd. IV, S.285–436 die Ruinen behandelt. Zu den Kopien von Sicard vgl. B. van de Walle, *RdE* 28, 1976, 12–24; *Psinaula* wurde der Ort bereits von der Französischen Expedition genannt. Wilkinson veröffentlichte seine Kopien ab 1837 in *Manners and Customs of the ancient Egyptians* (mehrere Ausgaben).

C. R. Lepsius hat seine Einsichten in den *Abhandlungen der Königlichen Akademie der Wissenschaften zu Berlin*, Jahrgang 1851, S. 157–214 vorgelegt; wir geben die Paginierung des Bandes und der Einzelschrift. Zu Lepsius und Amarna vgl. auch M. Mode, *Das Altertum* 30, 1984, 93–102. Im Zweifel, ob Echnaton eine Frau sei, ist auch Nestor L'Hôte (*Lettres*, Paris 1840, S. 66 f.), und noch E. Lefébure, *Proceedings of the Society of Biblical Archaeology* 13, 1891, 479–482 (mit Berufung auf Manetho und auf die Darstellungen des Königs).

Die wichtigsten Werke zur Rezeption Echnatons haben wir bereits im Text des Kapitels genannt. Die *Histoire ancienne des peuples de l'Orient* von G.Maspero erschien erstmals Paris 1875, in 6. Aufl. 1904; die Kritik an Ranke findet sich in Ed. Meyer, *Geschichte des Altertums*, § 146. Zu Thomas Mann und Ägypten, als Hintergrund seines Romans «Joseph und seine Brüder», siehe A. Grimm, *Joseph und Echnaton*, Mainz 1992, und die Beiträge im *Thomas Mann - Jahrbuch* 6 (1993), Frankfurt a. M. 1994.

Für die Charakterisierung durch J. H. Breasted siehe seine *Geschichte*, übersetzt von H. Ranke, Zürich 1936, S.232, sowie *Die Geburt des Gewissens*, Zürich 1950, Kap. XV. Kritisch zur Hervorhebung von Echnatons Persönlichkeit äußert sich L. A. White, *Journal of the American Oriental Society* 68, 1948, 91–114; für ihn ist der Echnaton der Gelehrten eine Fiktion, die vor allem Breasted und Weigall geschaffen haben, und sein Gott sei in dieser Kennzeichnung eindeutig protestantisch, nicht katholisch oder jüdisch.

Zu den deutschen und englischen Grabungen in Tell el-Amarna siehe Kapitel 5. Die Einschätzung von R. Anthes steht am Anfang seiner Schrift «Die Maat des Echnaton von Amarna», *Supplement to the Journal of the American Oriental Society* 14, 1952.

K. Lange, *König Echnaton und die Amarna-Zeit. Die Geschichte eines Gottkünders*, München 1951. Die Zitate von E. Otto in seinem *Ägypten, der Weg des Pharaonenreiches*, seit 1953 in mehreren Auflagen, auf S. 161 f. und 164; J. Spiegel: *Soziale und weltanschauliche Reformbewegungen im alten Ägypten*. Heidelberg 1950, S. 60 ff. Die Zitate aus K. Jaspers, *Vom Ursprung und Ziel der Geschichte*, 1949, finden sich auf den Seiten 68, 74 und 77. Das Buch von van der Leeuw trägt den Titel *Achnaton, een religieuze en aesthetische revolutie in de veertiende eeuw voor Christus*, Amsterdam 1927. Vgl. ferner S. Morenz, *Gott und Mensch im alten Ägypten*, [2]Leipzig 1984, S. 155 (dort auch zum «Führerbild» in den Häusern seiner Beamten), und J. Assmann, *Ägypten – Theologie und Frömmigkeit einer frühen Hochkultur*, Stuttgart 1984, S. 233.

Kapitel 2

Amenophis III. und seine Zeit wurden durch eine Ausstellung dokumentiert, die 1992/93 in Cleveland, Fort Worth und Paris gezeigt wurde, vgl. den von A.P. Kozloff und B.M. Bryan herausgegebenen Katalog *Egypt's Dazzling Sun. Amenhotep III and his World*, Cleveland 1992, wo allerdings die religiösen Strömungen der Zeit etwas zu kurz kommen, vgl. dazu L. Kákosy, «Die weltanschauliche Krise des Neuen Reiches», *ZÄS* 100, 1973, 35–41. Zur bildenden Kunst Maya Müller, *Die Kunst Amenophis' III. und Echnatons*, Basel 1988. Auf die außenpolitischen Vorgänge in Vorderasien gehen wir hier nicht ein, vgl. dazu vor allem W. J. Murnane, *The Road to Kadesh*, Chicago [2]1990. Eine neuere Übersetzung der Briefe aus dem Archiv gibt W. L. Moran, *The Amarna Letters*, Baltimore-London 1992 (französ. Ausgabe 1987).

Zur «Neuen Sonnen-Theologie» J. Assmann, *Ägypten – Theologie und Frömmigkeit einer frühen Hochkultur*, Stuttgart 1984, S. 235–243 (das Zitat dort S. 243); ders., *Re und Amun. Die Krise des polytheistischen Weltbilds im Ägypten der 18.–20. Dynastie*, Freiburg/Schweiz und Göttingen 1983. Die Texte zur nächtlichen Regeneration der Sonne bei E. Hornung, *Die Unterweltsbücher der Ägypter*, Zürich und München 1992, und zusammenfassend ders., *Die Nachtfahrt der Sonne*, Zürich und München 1991.

Der Text aus dem Month-Tempel *Urk.* IV 1668, ähnlich auch am 3. Pylon von Karnak: *ibid.* 1729.

Zur Frage der «Tochterheirat» Amenophis' III. und seiner Nachfolger Ch. Meyer, *SAK* 11, 1984, 253–263; sie möchte die fraglichen Titel als «Tochter des Königs und der Königin» deuten. Zum Kronprinzen Thutmose A. Dodson, *JEA* 76, 1990, 87–91.

Das Problem der Mitregentschaft behandeln u. a. E. Hornung,

Untersuchungen zur Chronologie und Geschichte des Neuen Reiches, Wiesbaden 1964, S. 71–78, und W. J. Murnane, *Ancient Egyptian Coregencies*, Chicago 1977, S. 123–169, dazu zur hieratischen Aufschrift des Amarnabriefes 27 W. Fritz, *SAK* 18, 1991, 207–214.

Kapitel 3

Zum frühesten Aton-Heiligtum in Karnak, dessen Blöcke im 10. Pylon verbaut wurden, siehe J.-L. Chappaz, *Bulletin Société d'Égyptologie Genève* 8, 1983, 13–45, zu den Blöcken aus dem 9. Pylon vor allem C. Traunecker, *Journal of the Society for the Study of Egyptian Antiquities* 14, 1984, 60–69, und ders., *BSFE* 107, 1986, 17–44. Bearbeitung der *Talatat*: R. W. Smith und D. B. Redford, *The Akhenaten Temple Project*, I, Warminster 1976 (dazu kritisch M. Doresse, *GM* 46, 1981, 45–79); II, Toronto 1988, dazu weiteres Material in den *Cahiers de Karnak*. Speziell zu den Darstellungen des Sedfestes J. Gohary, *Akhenaten's Sed-Festival at Karnak*, London 1990; auf eine fragmentarische Sedfest-Statue des Königs aus Tôd weist Ch. Desroches-Noblecourt, *BSFE* 93, 1982, 18 hin.

Der Skarabäus mit der Erwählung durch Amun findet sich bei H. R. Hall, *Catalogue of Egyptian Scarabs, Etc., in the British Museum*, I, London 1913, Nr. 1946 (als «erwählt von Amun» dort auch Nr. 1945), vgl. auch L. Keimer, *ASAE* 39, 1939, 118, dazu das vereinzelte Beiwort «Sohn des Amun» auf einem Ring der Sammlung Stern bei C. Aldred, *Jewels of the Pharaohs*, London 1971, pl. 70. Die Phasen in der Herausbildung des Aton, bis zur definitiven Form, behandelt D. B. Redford, «The Sun-disc in Akhenaten's Program: Its Worship and Antecedents», *Journal of the American Research Center in Egypt* 13, 1976, 47–61. Zu weiteren frühen

Denkmälern des Königs L. Habachi, «Varia from the Time of Akhenaten», *MDAIK* 20, 1965, 85–92.

Die Kennzeichnung von Echnatons Kunst durch H. Schäfer findet sich in *Amarna in Religion und Kunst*, 1931, S. 39 f., die Tempelwand im Museum von Luxor vollständig bei J. Lauffray, in: *Cahiers de Karnak* VI (1980), Falttafel nach S. 74. Zu den Bildern von Echnaton als Kind (des Aton) M. Eaton-Krauss, *ZÄS* 110, 1983, 127–132.

Kapitel 4

Zum Problem der «Lehre» Echnatons B. van de Walle, in: E. Hornung und O. Keel (Hrsg.), *Studien zu altägyptischen Lebenslehren*. Freiburg/Schweiz 1979, S. 353–362; J. Assmann, «Die Loyalistische Lehre Echnatons», *SAK* 8, 1980, 1–32. Die Königsrolle des Gottes behandelt G. Fecht, *ZÄS* 85, 1960, 91–118. Den Hymnus des Panehsi gibt Sandman, *Texts* 24, 1–7, vgl. auch J. Assmann, *SAK* 8, 1980, 10.

Zur Rolle des Schu in Amarna B. van de Walle, *Chronique d'Égypte* 55, 1980, 23–36, dazu jetzt noch R. Krauss, *ZÄS* 121, 1994, 106–117. Das Zitat über die Rolle Echnatons als persönliche Gottheit bei J. Assmann, *SAK* 8, 1980, 28, und ähnlich auch in anderen Arbeiten von Assmann.

Zur neuen Religion Echnatons allgemein J. Assmann, Die «Häresie» des Echnaton, *Saeculum* 23, 1972, 109–126; ders., *Ägypten* (vgl. zu Kap. 2), S. 232–257; ders., «Akhanyati's Theology of Light and Time», *Proceedings Israel Academy of Sciences and Humanities* VII, No. 4 (1992). J. P. Allen, «The Natural Philosophy of Akhenaten», in: W. K. Simpson (Hrsg.), *Religion and Philosophy in Ancient Egypt*, New Haven 1989, S. 89–101, bestreitet den religiösen Charakter dieser «Naturphilosophie», die allerdings Echnaton selber als Gott habe.

Das Fortleben von Amenophis, Sohn des Hapu, behandelt D. Wildung, *Imhotep und Amenhotep. Gottwerdung im alten Ägypten*, Berlin 1977.

Kapitel 5

Die neue Stadtgründung habe ich in meinem Beitrag zur Festschrift für Rainer Mackensen behandelt: S. Meyer und E. Schulze (Hrsg.), *Ein Puzzle, das nie aufgeht: Stadt, Region und Individuum in der Moderne*, Berlin 1994, S. 303–308. Eine neue, verbesserte Veröffentlichung und Bearbeitung der Grenzstelen bieten W. J. Murnane und Ch. C. Van Siclen III, *The Boundary Stelae of Akhenaten*, London und New York 1993. Zum Brief des Ipi zuletzt E. F. Wente, *Serapis* 6, 1980, 209–215, zum Gründungsakt W. J. Murnane und R. A. Wells, *SAK* 14, 1987, 239–246 und 313–333, mit R. Krauss, *GM* 103, 1988, 39–44 und 109, 1989, 33–36.

Zu den englischen Grabungen W. Flinders Petrie, *Tell el Amarna*, London 1894; T. E. Peet u. a., *The City of Akhenaten*, I-III, London 1923, 1933 und 1951; B. J. Kemp, *Amarna Reports*, I ff., London 1984 ff.; zu den deutschen Grabungen L. Borchardt und H. Ricke, *Die Wohnhäuser in Tell el-Amarna*, Berlin 1980; St. Seidlmayer, *MDAIK* 39, 1983, 183–206 (Türumrahmungen). Für die Felsgräber der Beamten ist immer noch grundlegend N. de G. Davies, *The Rock Tombs of El Amarna*, London 1903–1908.

Die Stadtanlage behandeln im Überblick Al. Badawy, *A History of Egyptian Architecture: The Empire (the New Kingdom)*, Berkeley-Los Angeles 1968, S. 76–126; B. J. Kemp, *Ancient Egypt. Anatomy of a Civilization*, London-New York 1989, Kap. 7; Ders. und S.

Garfi, *A Survey of the Ancient City of El-Amarna*, London 1993; zu Detailfragen J. Assmann, «Palast oder Tempel?», *Journal of Near Eastern Studies* 31, 1972, 143–155; J. J. Janssen, «El-Amarna as a residential city», *Bibliotheca Orientalis* 40, 1983, 273–288; P. T. Crocker, «Status Symbols in the Architecture of El-Amarna», *JEA* 71, 1985, 52–65; Ch. Tietze, «Amarna – Analyse der Wohnhäuser und soziale Struktur der Stadtbewohner», *ZÄS* 112, 1985, 48–84 und 113, 1986, 55–78; B. J. Kemp, «The Amarna Workmen's Village in Retrospect», *JEA* 73, 1987, 21–50; A. H. Bomann, *The Private Chapel in Ancient Egypt*, London–New York 1991; A. Endruweit, *Städtischer Wohnbau in Ägypten. Klimagerechte Lehmarchitektur in Amarna*, Berlin 1994. Zum «Zoo» im Nordpalast vgl. *JEA* 10, 1924, 296 und 12, 1926, 5.

Kapitel 6

Den Kult in den Aton-Heiligtümern behandelt A. M. Blackman, in: *Recueil d'études égyptologiques dédiées à J. F. Champollion*, Paris 1922, S. 505–527; zur Szene des Mahu (Davies, *Rock Tombs* IV, pl.18) ibid. S. 526 f., zu den beiden Briefen des Ölkochers Ramose T. E. Peet, *Annals of Archaeology and Anthropology* (Liverpool) 17, 1930, 82–97. Den zweiten Teil des neuen «didaktischen» Namens möchte J. Assmann anders übersetzen, nämlich «in seinem Namen als die Strahlung, die aus der Sonne kommt»: *Ägypten* (vgl. Kap. 1), S. 245, ähnlich in *Proceed. Israel Academy* VII (vgl. zu Kap. 4), S. 164 f. und *Kosmotheismus* (vgl. zu Kap. 7), S. 33 mit Anm. 75. Zum Begriff der *Maat* jetzt ausführlich J. Assmann, *Ma'at. Gerechtigkeit und Unsterblichkeit im Alten Ägypten*, München 1990.

Zur Statue in Brooklyn R. S. Bianchi, *GM* 114, 1990, 35–40

mit Abb., und ergänzend E. Cruz-Uribe, *GM* 126, 1992, 29–32, der die Scheibe auch mit dem Mond verbindet.

Zu Zeugnissen Echnatons aus Memphis B. Löhr, *SAK* 2, 1975, 139–187 und W. Helck, *SAK* 4, 1976, 119–121, zu Heliopolis L. Habachi, *Beiträge zur ägypt. Bauforschung und Altertumskunde* 12, 1971, 35–45; H. S. K. Bakry, *Chronique d'Égypte* 47, 1972, 55–67; B. Löhr, *GM* 11, 1974,33–38. Traditionelle Götterverehrung auf den Statuen zweier Bürgermeister von Neferusi: *Urk*. IV 2018 ff.

Kapitel 7

Zur Form des ägyptischen Götterglaubens E. Hornung, *Der Eine und die Vielen. Altägyptische Gottesvorstellungen*, Darmstadt 1971, [5]1993. Die Frage des Monotheismus in Echnatons Religion ist immer wieder behandelt worden, vgl. zuletzt J. Assmann, *Monotheismus und Kosmotheismus. Ägyptische Formen eines «Denkens des Einen» und ihre europäische Rezeptionsgeschichte*, Heidelberg 1993.

Für die Datierung der Verfolgung ist wichtig, daß wir noch auf Krugaufschriften aus Tell el-Amarna einem Winzer mit dem Namen Amenemhat begegnen: W. R. Dawson, *JEA* 10, 1924, 133. Eine systematische Aufarbeitung der Verfolgung, die ja deutlich sichtbare Spuren hinterlassen hat, fehlt bisher; nur für Karnak hat R. Saad in einer unveröffentlichten Dissertation (Lyon 1972) *Les martelages de la XVIIIe dynastie dans le temple d'Amon-Ré à Karnak* das Material zusammengetragen.

Zu verschiedenen Aspekten der Amarna-Religion, vor allem zur weiterdauernden Verehrung der alten Gottheiten, vgl. noch R. Hari, in: *Studien zu Sprache und Religion Ägyptens* (Festschr. W. Westendorf, Göttingen 1984), S. 1039–1055, und K. Bosse-

Griffiths, «A Beset Amulet from the Amarna Period», *JEA* 63, 1977, 98–106.

Kapitel 8

Kurze Überblicke über den Jenseitsglauben bei J. Vandier, *Manuel d'archéologie égyptienne* IV, Paris 1964, S. 671–674, und E. Hornung, *ZÄS* 119, 1992, 125–127. Eine ausführlichere Würdigung durch Th. von der Way erscheint in *ZÄS* 122, 1995. Wichtige Grundlagen schon bei E. Drioton, *ASAE* 43, 1943, 15–43 (dort auch der Türsturz des Hatiai).

Der Wunsch des Suti Davies, *Rock Tombs* IV 39 (linker Pfosten), Huja u. a. ibid. III 2 und IV 3 f., Tutu VI 14; Merire: II 36, Ramose: L. Borchardt und H. Ricke, *Die Wohnhäuser in Tell el-Amarna*, Berlin 1980, S. 342 und *MDAIK* 39, 1983, 196. Grab des Aper-El: A. Zivie, *Découverte à Saqqarah. Le vizir oublié*, Paris 1990, dazu *BSFE* 126, 1993 (mehrere Beiträge). Sarg der Taât: R. Hari, Festschr. Westendorf (vgl. zu Kap. 7), S. 1053. Die privaten Uschebti der Amarnazeit behandelt G. T. Martin, *MDAIK* 42, 1986, 109–129, doch ist die Echtheit von einigen umstritten.

Zu Grab und Grabausstattung Echnatons G. T. Martin, *The Royal Tomb at El-Amarna*, 2 Bde, London 1974 und 1989, zu den «magischen Ziegeln» E. Thomas, *Journal of the American Research Center In Egypt* 3, 1964, 75 f.

Das Totengericht behandelt Ch. Seeber, *Untersuchungen zur Darstellung des Totengerichts im Alten Ägypten*, München und Berlin 1976.

Kapitel 9

Eine eigene Untersuchung der späten Jahre Echnatons fehlt bisher, vgl. jedoch das zu Kap. 10 genannte Buch von R. Krauss, das die meisten wichtigeren Probleme behandelt.

Zum Nubischen Feldzug W. Helck, *SAK* 8, 1980, 117–126; eine Deutung des Fremdländer-Tributes als Beginn der Alleinherrschaft Echnatons (nach langer Mitregierung mit Amenophis III.) versucht C. Aldred, *JEA* 43, 1957, 114–117.

Über Kija R. Hanke, *Amarna-Reliefs aus Hermopolis*, Hildesheim 1978; J. J. Perepelkin, Kija und Semenchkare, Moskau 1979 (russisch); C. N. Reeves, *JEA* 74, 1988, 91–101; als ursprüngliche Besitzerin der Kanopen in Grab 55: R. Krauss, *MDAIK* 42, 1986, 67–80, vgl. zu Grab 55 noch M. Bell, *Journal of the American Research Center in Egypt* 27, 1990, 97–137 (neben einer Fülle von weiteren Studien zu diesem problematischen Grab). Zu den angeblichen Enkelinnen Echnatons Ch. Meyer, *SAK* 11, 1984, 259–263.

Die Affenfiguren aus Amarna sind veröffentlicht bei J. Samson, *Amarna, City of Akhenaten* (vgl. zu Kap. 10), S. 37–40. Den Lobpreis des Amun durch Pawah geben wir in der Übersetzung von J. Assmann, *Ägyptische Hymnen und Gebete*, S. 349 f. (Nr. 147)

Kapitel 10

Zur unmittelbaren Nachfolge Echnatons R. Krauss, *Das Ende der Amarnazeit*, Hildesheim 1978, und J. Samson, *Amarna, City of Akhenaten and Nefertiti – Nefertiti as Pharaoh*, Warminster 1978 (die Stele aus dem University College dort S. 103–106, vgl. aber zu Unsicherheiten W. J. Murnane, *JNES* 41, 1982, 143 f., sowie J. P. Allen, *Journal of the American Research Center in Egypt* 25, 1988, 117–121); ein weiteres Indiz für die Mitregentschaft ist das Nebeneinander der Doppelkartuschen von Echnaton und Semenchkarê auf einem Kalzitgefäß im Tutanchamun-Schatz: Ch. E. Loeben, *Bulletin Société d'Égyptologie Genève* 15, 1991, 81–90.

Für Tutanchamun N. Reeves, *The Complete Tutankhamun. The King, The Tomb, The Royal Treasure*, London 1990, zum 1975 wiedergefundenen memphitischen Grab des Haremhab G. T. Martin, *The Memphite Tomb of Horemheb*, I, London 1989, zum neuentdeckten Parennefer-Grab F. Kampp, *MDAIK* 50, 1994, 175–188, und zum Grab des Erziehers Sennedjem bei Sohag einstweilen die Notiz bei J. Leclant, *Orientalia* 61, 1992, 260 (62). Aja behandelt O. J. Schaden, *The God's Father Ay*, Diss. Univ. of Minnesota 1977 (University Microfilms Internat., Ann Arbor 1982), zu seinem Felstempel bei Achmim K. P. Kuhlmann, *MDAIK* 35, 1979, 165–188; Haremhab: R. Hari, *Horemheb et la reine Moutnedjemet, ou la fin d'une dynastie*, Genf 1965, ferner E. Hornung, *Das Grab des Haremhab im Tal der Könige*, Bern 1971; die zitierte «Krönungsinschrift» auf der Statuengruppe in Turin *Urk.* IV 2119 f.

Kapitel 11

Zur Wirkung der Amarnareligion auf Israel V. A. Tobin, «Amarna and Biblical Religion», in: S. Israelit-Groll (Hrsg.), *Pharaonic Egypt. The Bible and Christianity*, Jerusalem 1985, S. 231–277, der Gemeinsamkeiten und Unterschiede herausarbeitet, und K. Koch, *Geschichte der ägypt. Religion*, Stuttgart 1993, S. 348–350, der eine Wirkung auf Moses ablehnt, denn für diesen spielt die Sonne keine besondere Rolle. Ferner die Sammelbände O. Keel (Hrsg.), *Monotheismus im Alten Israel und seiner Umwelt*, Freiburg/Schweiz 1980, und K. Rahner (Hrsg.), *Der eine Gott und der dreieine Gott: Das Gottesverständnis bei Christen, Juden und Muslimen*, Freiburg 1983. Zum Vergleich von Sonnengesang und Psalm 104 P. Auffret, *Hymnes d'Égypte et d'Israel*, Freiburg/Schweiz und Göttingen 1981; J. Assmann, *Proceed. Israel Academy* (vgl. zu Kap. 4) 1992, S. 166 ff.

Das Zitat von J. Assmann aus *Saeculum* 23, 1972, 125, der Hymnus des Tjanefer bei dems., *Hymnen und Gebete* (vgl. zu Kap. 9), Nr. 108. Zum Aenigmatischen Unterweltsbuch Tutanchamuns E. Hornung, *Journal of the Society for the Study of Egyptian Antiquities* 13, 1983, 29–34, und zum Buch von der Himmelskuh ders., *Der ägyptische Mythos von der Himmelskuh. Eine Ätiologie des Unvollkommenen*, Freiburg/Schweiz und Göttingen ²1991. Die Klage des Huja *Urk.* IV 2076. Zur Darstellung des neuen Gottes Sched bereits in Amarna H. Brunner, *GM* 78, 1984, 49 f.

Abgekürzte Zeitschriften und Sammelwerke:
ASAE = Annales du Service des Antiquités de l'Égypte
BSFE = Bulletin de la Société française d'égyptologie
GM = Göttinger Miszellen
JEA = Journal of Egyptian Archaeology
MDAIK = Mitteilungen des Deutschen Archäologischen Instituts, Abt. Kairo
SAK = Studien zur altägyptischen Kultur
Sandman, *Texts* = M. Sandman, Texts from the Time of Akhenaten
Urk. = Urkunden des ägyptischen Altertums
ZÄS = Zeitschrift für ägyptische Sprache und Altertumskunde

Notiz zum Schluß

Dieses Buch erwuchs aus dem Eranos-Vortrag «Echnaton – die Wiederentdeckung einer Religion und ihres Stifters», der am 25. August 1988 in Ascona gehalten wurde – unter etwas dramatischen Umständen, denn am Abend zuvor hatte der einzige Repräsentant der Stiftung Eranos völlig überraschend erklärt, die seit 1933 Jahr für Jahr abgehaltenen Eranos-Tagungen würden nunmehr eingestellt. In Zukunft wolle die Stiftung sich nur noch dem chinesischen Orakelbuch I Ging widmen. Damit war der Vortrag über Echnaton nicht nur Abschluß der Jahrestagung zum Thema «Gleichklang oder Gleichzeitigkeit», sondern zunächst auch Abschluß des traditionsreichen Unternehmens «Eranos» überhaupt.

Daraufhin habe ich im letzten Moment den Schluß des Vortrags überarbeitet und aktualisiert. Die Parallelen zwischen der Einseitigkeit Echnatons und der Einseitigkeit des Stiftungsvertreters waren zu schlagend – hier nur noch der Aton, dort nur noch das I Ging! Ich zitiere aus meinem damaligen, geänderten Schlußwort:

«Der Fundamentalismus, der heute überall sein Haupt erhebt, hat keine Zukunft. Denn Echnaton lehrt uns, und die Geschichte als das immer noch unfehlbarste aller Orakel lehrt uns: es geht für den Menschen immer um das Ganze, jede Einseitigkeit führt ins Leere und muß notwendig scheitern.

Eranos hat 55 Jahre von der Idee der Ganzheit in der Vielfalt des Menschlichen gelebt und wird dort weiterleben, wo dieses Ganze gesehen und verwirklicht wird.»

Eranos lebt wieder neu. Gemeinsam mit Tilo Schabert gelang es, eine neue Trägerschaft (die «Amici di Eranos») aufzubauen und nach nur einmaliger Unterbrechung die Tagungen 1990 wieder aufzunehmen. Sie finden jetzt auf dem traditionsreichen Monte Verità von Ascona statt und vereinigen weiterhin jedes Jahr einen wechselnden Kreis von Gelehrten, der sich dem Ideal der *table ronde*, des Gespräches über die Fachgrenzen hinweg, verpflichtet fühlt. Jedes Jahr sieht eine andere Kombination von Fachgebieten und Fachvertretern, die zu einem gegebenen Thema ihren Beitrag geben. Es ist eine Akademie, wie sie das Ideal der Renaissance gebildet hat.

Weitere Anstöße, den Vortrag auszuweiten, kamen durch ein Symposion über Echnaton, veranstaltet vom American Research Center in Egypt am 1. 12. 1990 in New York, durch eine Vorlesung an der Universität Basel im Sommer 1994 und durch den stets anregenden Austausch mit Jan Assmann. Gewidmet sei das fertige Buch Elisabeth Staehelin als Dank für langjährige gute Zusammenarbeit.

Register

(Stichworte wie Achetaton, Amarna, Aton, Echnaton, Sonnengott sind nicht aufgenommen)